U0347193

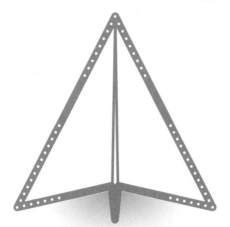

经营者的
财务金三角

闫静 著

机械工业出版社
China Machine Press

图书在版编目（CIP）数据

经营者的财务金三角 / 闫静著 . -- 北京：机械工业出版社，2021.1
ISBN 978-7-111-67405-4

Ⅰ. ①经… Ⅱ. ①闫… Ⅲ. ①企业经营管理 Ⅳ. ① F272.3

中国版本图书馆 CIP 数据核字（2021）第 018427 号

经营者的财务金三角

出版发行：机械工业出版社（北京市西城区百万庄大街 22 号　邮政编码：100037）
责任编辑：华　蕾　　闫广文
责任校对：李秋荣
印　　刷：北京诚信伟业印刷有限公司
版　　次：2021 年 2 月第 1 版第 1 次印刷
开　　本：147mm×210mm　1/32
印　　张：10.25
书　　号：ISBN 978-7-111-67405-4
定　　价：79.00 元

客服电话：（010）88361066　88379833　68326294　　　投稿热线：（010）88379007
华章网站：www.hzbook.com　　　　　　　　　　　　　　读者信箱：hzjg@hzbook.com

我热爱飞行。在过去几年的飞行经历中，我体会到飞机仪表盘对于飞行员的重大意义。人类可以凭本能识别两个维度：方向和速度。在陆地上开车时，我们即便不看仪表盘也可以掌握方向和速度。但是，开飞机时多了一个维度，也就是高度。如果我们只凭本能来判断高度，往往会引发灾难性的事故。

管理公司也是如此。当公司规模小的时候，企业家可以凭感觉来管理公司。但是，当公司大到一定程度时，仅仅凭感觉来管理公司，就会造成公司的失控。如果说看懂飞机仪表盘是飞行员的必备技能，那么看懂公司的财务仪表盘则是企业家的核心能力。

目前我在领教工坊有机会与很多企业家进行大量的沟通与互动。我发现，多数企业家都同意这样的观点：具备财务思维对于企业家非常重要，不过财务语言过于专业，财务数据似乎只是给财务人员准备的，企业家了解的是业务数据。如何打通财务数据和业务数据是一个很大的挑战。

我曾经请闫静老师给我的企业家组员做过财务管理专题分享。闫静老师的最大特点，就是她总能从业务的角度来讲解专业的财务知识，帮助企业家很好地理解业务背后的财务思维。我记得有一次闫静老师分享了外包决策需要考虑边际成本，而不需要考虑沉没成本的观点，这个观点让我们的很多企业家组员都感到很震撼，他们发现自己以前的外包决策竟然是错的。

经营者需要降维到财务这个维度，采用以终为始的方式进行经营决策，同时需要通过财务仪表盘来掌控公司；财务人员则需要升维到业务层面，只有找到财务指标的引导性指标（经营行为指标），他们才能真正帮助经营者改善公司的业绩（指标本身是不能改变公司业绩的）。

闫静老师的这本书的写作角度选择得很好。这本书从经营、融资、投资三个方面（模块）来引发经营者的思考，讨论了企业家最关心的一些问题：利润率与回报率是什么关系，为什么会出现黑字倒闭的现象，如何运用经营杠杆与财务杠杆，等等。这本书非常适合企业家阅读，特别是，那些没有任何财务基础的企业家也可以轻松阅读。

财务人员也可以从这本书中学习如何与经营者进行沟通交流。财务人员要帮助经营者建立财务仪表盘，而不是仅仅把原始的财务报表丢给经营者。用财务管理的话来说，报表只是"原材料"，而经营者需要的是"产成品"。

孙振耀

领教工坊联合创始人暨联席董事长

惠普前中国区总裁、前全球副总裁

2013 年，机械工业出版社出版了我的第一本书——《管理者 14 天看懂财务报表》。2021 年即将出版的这本新书，经过斟酌，书名确定为《经营者的财务金三角》。一个是"管理者"，一个是"经营者"，二者之间的区别是什么？

今天的商业环境远比我二十几年前刚加入中国惠普时更加复杂。大家都要求"把指挥部放到能听得见炮声的地方"，而如何从管理者转变为经营者，也就成为当下企业的管理者所面临的重要课题。在我看来，在"能听得见炮声"的指挥部里的，更多的是有能力做决策的经营者，而非百分之百执行总部指示的管理者。相比较之下，我的第一本书侧重于财务报表的基础知识，而现在这本书则聚焦于经营者日常决策所需要的财务思维。帮助经营者获得化繁（经营）为简（财务）的能力，是我写这本书的初衷。

从 2005 年开始讲课时起，我一直只为经营者讲授财务管理这一个主题。我笑称自己是只有一种商品的商店。我从这些年的授课经历中体会到,财务知识的普及远远不够,懂得财务思维的经营者少之又少。大多数经营者都认为,看懂财务报表是财务人员的职责与任务,账本就是给外部监管部门看的。

从严格意义上来说,本书并不是讲解会计原理的书(我经常自诩是不讲会计的财务老师)。如本书书名《经营者的财务金三角》所强调的,本书主要是写给经营者的,他们不是被动接受财务知识的读者,而是在经营场景中主动解码财务思维的参与者。本书站在经营者的角度,从以下三个模块展开。

模块一:经营——如何赚钱

以终为始。如果不知道什么是盈利,就无法做出正确的经营决策。本模块旨在帮助经营者深度思考以下问题。

1. 如何衡量公司是否盈利?

2. 增加投入获取利润是一个好的决策吗?

3. 研发资本化对公司有利还是不利?

4. 为什么要谨慎选择低价竞争的策略?

5. 直接成本与间接成本如何影响公司的产品策略?

6. 什么因素决定公司是否应该将产能外包?

模块二:融资——钱从哪里来

本模块引导经营者思考经营决策会如何影响公司的现金流,以及应如何改善公司的现金流,具体而言,包括以下问题。

1.除了银行和股东的钱，公司还有哪些稳定的资金来源？

2.一家赚钱的公司为什么回报率会越来越差？

3.账上有利润却资金链断裂的公司有什么特征？

4.为什么波音和万科都有大量的存货？这是偶然的吗？

5.对于现金流的考核会改善利润吗？反之亦然吗？

6.为什么有的公司可以大量使用银行的借款，而有的公司却不可以？

模块三：投资——钱到哪里去

从经营层面来讲，任何增加公司资产的举措都可以视为投资活动。本模块重在引导经营者思考什么样的决策会增加公司资产的投入，以及这样的决策是否会带来对公司有益的结果。具体而言，包括以下问题。

1.增长战略与生产率战略在财务上的本质是什么？

2.销售收入增长一定需要更多的资产投入吗？

3.用什么指标可以判断公司是重资产模式还是轻资产模式？

4.盈亏平衡点与安全边际如何影响新产品的选择？

5.并购行为如何影响公司的财务业绩？什么是商誉？

6.什么样的投资评价体系是一个好的投资评价体系？经济增加值与杜邦金字塔的本质区别是什么？

本书的某些章节会引导经营者深度思考机会与风险的关系。如果业务增长的趋势是确定的，那么重资产投资毫无疑问是最佳选择；

如果回报率肯定高于借款利率，那么提高负债率也是正确选择。可是，这个世界没有"如果"。加大重资产投资就是加大"经营杠杆"，提高负债率就是加大"财务杠杆"。经营者应该如何看待这两个杠杆？有人用高杠杆获得了成功，这是投资还是投机？本书希望引导经营者反思，哪些行为是投机行为，哪些行为是投资行为。

既然财务是商业语言，那么商业案例自然是本书不可或缺的组成部分。书中的大部分财务数据都来自相关公司2019年的财务报告，可以给一线的经营者带来最新鲜的阅读体验。本书的财务数据具有以下特色。

1.不仅包括中国本土公司的财务数据，也包括大量美股知名上市公司的财务数据。

2.除了分析具体公司的财务数据，还对不同行业的财务数据进行了分析。

3.对于一些公司的财务模式进行了深入的探讨，如7-11的高毛利模式、沃尔玛与开市客的不同的盈利模式、万科与万达的不同的融资模式、苹果与小米的不同的经营模式等。

4.对于一些著名的商业事件的分析与解读，如对乐视网的财务危机的回顾与分析。

希望"财务金三角"能帮助经营者从经营、融资、投资这三个视角审视企业现状，降低决策的投机性，提高盈利的确定性，在"求存"的前提下进一步"求赢"！

目 录
Contents

模块一
经营——如何赚钱
1

模块二

融资——钱从哪里来 2

模块三 3
投资——钱到哪里去

1

经营——如何赚钱

第一章

财务是降维管理

在会计领域，看起来非常复杂的经营状况，如果用数据极为单纯地表达出来，就会清晰地反映出真实的状态。

——稻盛和夫

一、降维

我想用稻盛和夫先生的这句话作为本书的开头。企业的经营管理是多个维度的，包括研发、生产、销售、财务、人力资源、战略等。公司的业绩到底好不好，我们有多维度的衡量体系，比如人均产值、研发产出率、市场占有率、员工离职率等，但我们仍然需要一套统一的标准化衡量标准，这套标准就是基于财务数据的财务指标。财务是降维管理，所谓降维，就是把多种维度降到财务这一单一维度。

其实，在前面引述的那句话之前，稻盛和夫先生还有两句话："我们周围的世界看似复杂，其实本质上很简单，它遵循一定的原理、原则。但这种简单的本质投影于现象界，反映出来就显得很复杂。"经营管理的表象容易令人眼花缭乱，但如果能够从财务这个本质去认识，就会变得简单清晰。

降维其实是一种能力，是从复杂的表象中提炼本质的能力。

二、为什么降到财务这一维

前两年有一部很有名的电影叫《降临》。这是一部科幻电影，女主人公是一位语言学家，她被人类派去学习外星人的语言。在外星人的世界里，时间是非线性的，所以外星人有预测未来的能力。女主人公通过学习外星人的语言，既具备了外星人的思维方式，也具备了预测未来的能力。

语言学家说，如果不了解某一概念，你的大脑就会倾向于不去处理该类事情。语言并不仅仅是概念的表达方式，更是一种思维方式。而财务就是一门商业语言，懂了这门语言，你就具备了商业思维方式。

举个例子，如果不懂什么是投资回报率，你就不会从回报的视角看待一项业务。如果我问你投资回报率的公式是什么，你的脑海中会不会清晰地浮现出公式？让我来告诉你，这个公式非常简单，分子就是利润，分母是投入的资产。一个拥有小学数学水平的人都知道，如果想让所得变大（即投资回报率上升），有以下几种方式：① 分母不变，分子变大；② 分子不变，分母变小；③ 分子分母同时变大，但是分子的增幅要比分母的大……当然，可能还有很多种方式。上面第一种方式，可以理解为企业要提高资产效率、人效，在不增加资产的前提下增加收入和利润。第二种方式的例子是苹果回购股票（分子不受影响），把不需要的现金返还给投资人（即资产变少，分母变小）。第三种方式的例子是企业并购重组，产生协同效应——一加一大于二。你看，根据这个公式，资产是越多越好吗？你还会认为资产增加一定会产生正面的影响吗？

> 宜必思酒店省去了豪华的大堂、餐厅，只留下符合核心价值的"床位、卫生及安静"——只满足目标客户最核心的需求，而省去其他成本。因为以上特点，他们的价格与同行相比有竞争力。

如果去东京这样的大城市旅游，你会发现宜必思酒店往往在很好的地段，但是价格相当亲民。宜必思酒店的策略就是采用刚才我们讲的第一种方式，分母不变，分子变大。在好地段租一栋楼，把它作为酒店，投资额是一定的，也就是分母不变；分子方面，没有大堂，没有餐厅，这样的话就可以有更多的可以租给客户的房间，就有可能产生更多的收益。租金是一定的，而房间数更多，这样就可以更加便宜地租给商旅人士。这就是宜必思酒店的经营之道。

在我看来，宜必思酒店的经营策略完美地体现了投资回报率的核心逻辑：把资产使用到极致，在不增加资产的前提下提高资产的使用效率，得到更大的产出。你认为这是巧合吗？商业逻辑的底层就是财务逻辑，只要有股东存在，盈利就是公司的终极指标。

再看一个反例。国内但凡有点名气的连锁牙科诊所，大多有富丽堂皇的大堂，内部的诊室安排似乎并不是非常紧凑，至少从财务角度来看，还有改进的空间。

三、谁是财务信息的使用者

在医院里，谁是最会看片子的医生呢？你去一家大医院找到一位名医，希望名医为你诊断身体到底出了什么问题。如果这位名医对你说，"对不起，我不会看片子，你先找成像中心，让他们写一个解读报告，我再帮你看病"，你还敢找他吗？可见，在医院里最会看片子的人并不是成像室的医生，而是真正要分析报告的主治医生——他需要通过分析各种片子来诊断病情，进而提出最有效的治疗方案。可以说，他是医学报告的使用者，而成像室的医生则是报告的制作者。

让我们切换到商务场景，你认为公司里谁是那个最应该看懂财务报表的人呢？是总经理还是业务经理或财务经理？没错，财务报表是财务部制作出来的，但是他们更像成像室的医生，负责把报表做出来，而总经理则像医院里的主治医生，其需要通过看财务报表了解公司的运营状况，从而采取恰当的管理行为。

作为一位企业家，你也许对我刚才说的不以为然。你会说不看报表，我也知道公司发生了什么。这里面有一个复杂度与能见度的问题；你在陆地上开汽车，也许并不怎么看仪表盘，你也知道方向在哪儿、路在哪儿，不至于开到海里去；如果你是一名飞机驾驶员，在空中飞行的时候，恐怕只有仪表盘才能告诉你方向和高度，以及目的地。不要过分相信自己的直觉，很多战斗机的驾驶员就是因为过分相信自己的直觉，在飞机旋转的时候，误以为自己的头顶对着的是天空，猛力拉动操纵杆，结果导致飞机撞向地面坠毁。

我们不需要拉一个踩一个，把财务捧上天，把业务打入尘埃，没有这个必要。如果你有很好的商业直觉，那么恭喜你，这是你的优势，需要保持。但是，一位优秀的企业家在做决策的时候，从来不是从单一维度考虑问题的，而是在多维度考虑之后做出综合判断。财务思维给管理者提供了一个新的视角，可以帮助他们提高正确进行业务决策的概率。多一个角度，有什么不好？

四、目标、规则与反馈

一款游戏应该至少具备三个要素：目标、规则与反馈。玩游戏时，我们要知道游戏的目标是什么，是打小怪兽还是麻将牌里边的和牌？除了知道目标，我们还要知道游戏的规则，比如说计分的规则、续命的规则。此外，游戏最吸引人的、最让人欲罢不能的，就是它的反馈——时时刻刻知道自己已经得了多少分，还有几条命，这种反馈是及时的。

财务其实也具备这三个要素：目标、规则与反馈。

公司在制订经营计划的时候，会用财务语言来描述目标，比如说明年的销售收入要达到 20 亿元，资产回报率要达到 15%。

在规则方面，财务提供了计算盈利的标准。举个例子，房地产公司预售商品房时会收到很多房款，但是这时候房子还没有交付给客户,这些预收款可以使房地产公司的收入与利润增加吗?财务的规则是根据交付确认收入与利润,没有交付就没有收入。财务要提供这样的规则,而且要在不同的公司之间确定广为接受的统一标准。如果万科是按收款计算收入,而绿地是按照交付房子计算收入,那么这两家公司的报表就无法比较。

稻盛和夫的"一一对应"原则

稻盛和夫创立的京瓷公司在美国开了一家子公司。稻盛和夫在该公司视察工作的时候发现了一个有趣的现象:相邻的两个月销售额相同,但一个月是亏损的,另一个月是盈利的。经过调查发现,第一个月产品从日本出口到美国之后,因为供不应求,立刻交付给客户。公司开具了销售票据,确认了销售收入,但是银行还没有提供完整的进口单据,因而就确认不了成本,所以当月利润极高。等到下个月,收到了两个月的进货单据,因而计了两倍的成本,所以第二个月就亏损了。稻盛和夫告诉美国子公司的总经理,收入与成本要一一对应,这样报表才能反映真实的盈利状况。"一一对应"原则就是财务的配比原则,收入与成本要配比。

同理,房地产公司开发出来的房子,如果没有销售就不能算作成本,应当作为存货记账。等到销售的那个月存货再转为成本,与收入"一一对应",这样才能真实反映房地产公司的盈利状况。

下节我们说一下反馈。

五、拉姆·查兰的仪表盘（财务的反馈模型）

公司的 CEO 应当关注哪些财务指标呢？

美国著名的管理咨询顾问拉姆·查兰在《CEO 说》一书中给出了他的答案，他用一张图说明了 CEO 从财务角度出发应该关注的四个方面（见图 1-1）。

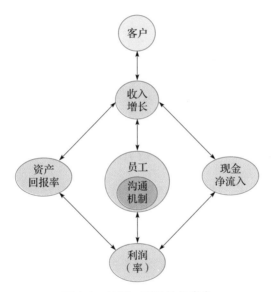

图 1-1　拉姆·查兰的仪表盘

资料来源：拉姆·查兰，著. CEO 说［M］. 徐中，译. 北京：机械工业出版社，2016.

从财务角度来看，CEO 应该关注公司的四个方面：收入增长、利润（率）、现金净流入和资产回报率。收入是一切利润的来源，而利润体现了收入的质量，现金流则体现了利润的质量。如果公司销售产品产生大量的应收账款，账面上虽然有利润，却无法产生足够的现金流，这个时候我们会说其利润的质量不好。资产回报率就是我们在宜必思酒店案例里边提到的投资回报率。

我们虽然从业务的多维降到了财务这一单一维度，但是财务本身也是具备多角度、多维度的。如果一家公司只考虑收入和利润指标，往往会忽视现金流，这会产生极大的经营风险，更不会产生很好的投资回报率。

最后，我们以稻盛和夫的一句话作为对这一章的总结。

"经营者必须自己懂会计，不能充分理解仪表盘上数字的意义，就不能说是一个真正的经营者。"

> ### · 本章小结 ·
>
> 1. 财务是降维管理，公司经营管理的多个维度降到财务这一单一维度。降维之后，更容易揭示公司经营的状况。
> 2. 财务是一门商业语言，懂得这门语言，你就具备了商业思维方式。
> 3. 公司的经营管理者是分析与使用财务报表的第一责任人。不会看报表，就好像开飞机不会看仪表盘，是非常危险的。
> 4. 财务的三个要素：目标、规则与反馈。
> 5. 公司的经营管理者应该关注财务的四个方面：收入增长、利润（率）、现金净流入和资产回报率。利润体现了收入的质量，现金流体现了利润的质量。

· 思 考 题 ·

你们公司拥有什么样的财务反馈机制？你们公司有图 1-1 这样的仪表盘吗？若有，你们公司的仪表盘上都有哪些维度的指标？

第二章

最核心的"权威"财务指标

> 如果非要我只用一个指标来选股，我会选择 ROE（净资产回报率），那些 ROE 能常年持续稳定在 20% 以上的公司都是好公司，投资者应当考虑买入。
>
> ——巴菲特

一、巴菲特的选择

在十几年不长不短的财务讲师生涯中，我经常遇到有人问这样的问题：是否存在某个单一财务指标可以全面地衡量公司的盈利状况？我的第一想法是：没有！企业的经营管理是复杂的，需要使用多维度的财务指标，这样才能对复杂的经营状况做出判断。

反过来讲，如果真的存在这么一个单一的权威的财务指标，那么财务管理就可以简化成一套软件，只要输入企业的各种数据，就能得出那个权威指标的结果。但目前像万得这样的金融财务软件，给出的也是一系列的指标，你需要在这一系列指标中找到线索来判断公司的经营状况与盈利能力。

如果要真的"勉为其难"地去找出这样一个指标，是不是可行呢？让我们看看巴菲特是如何回答的："如果非要我只用一个指标来选股，我会选择ROE（净资产回报率），那些ROE能常年持续稳定在20%以上的公司都是好公司，投资者应当考虑买入。"

你有没有注意到，巴菲特在说这段话的时候也有些勉强。看来他和我一样，也不大赞同一个指标打天下。

巴菲特为什么推崇净资产回报率而不是利润和利润率呢？毕竟，相对于净资产回报率，企业家更熟悉的是利润和利润率。在企业家的圈子里，大家互相比较的是：你们公司今年有多少利润，你们公司的利润率是多少，你们今年的利润率比去年提高了多少。即便是金融领域的股票分析师，也把利润率的提高作为推荐一只股票的首要原因。

二、利润率的本质与局限

让我们先来看一个例子。在繁华的南锣鼓巷，一南一北有两家超市：张家超市和李家超市。这两家超市的财务数据如表2-1所示。

表 2-1　张家超市和李家超市的财务数据

（金额单位：元）

项目	张家超市	李家超市
收入	1 000	10 000
成本	800	7 000
利润	200	3 000
利润率	20%	30%

无论是从收入还是从利润、利润率来看，李家超市都好于张家超市，但李家超市的盈利能力真的比张家超市强吗？按照大众对财务的理解，答案似乎是肯定的。

但如果看了这两家超市的补充数据（见表 2-2），你还会坚持这个看法吗？

表 2-2　张家超市和李家超市的财务补充数据

（金额单位：元）

项目	张家超市	李家超市
收入	1 000	10 000
成本	800	7 000
利润	200	3 000
利润率	20%	30%
总投资额	1 000	20 000
投资回报率	20%	15%

这两家超市的总投资额不同：张家超市的总投资额是 1000 元，李家超市的总投资额是 20 000 元。看来张家超市的规模没有李家超市大。

用利润除以总投资额，我们可以得到一个新的指标：投资回报率。

利润率与投资回报率的本质区别是什么呢？张家超市的利润率和投资回报率恰好都是 20%，应该如何解释这两个指标呢？利润率 20% 反映的是每卖 100 元商品可以赚 20 元，投资回报率 20% 反映的则是每投入 100 元，一年的时间里可以得到 20 元的回报。

你觉得利润率和投资回报率哪一个更能反映这两家超市的盈利状况呢？你觉得每卖 100 元商品可以挣 30 元的李家超市值得投资，还是每投入 100 元可以每年赚 20 元的张家超市值得投资？我想答案是不言而喻的。

利润率计算的局限在于，只考虑了经营过程中的效率，而没有充分考虑投资的效率；只强调增加收入与降低成本，却没有考虑资产的效率。

从上面的例子可以看出，只关注利润率而忽略投资回报率，会误导我们的投资决策。

巴菲特推崇的净资产回报率就是属于投资回报率这一类的指标。关于净资产回报率的详细解释，我们会在后面的章节进行阐述。

三、高利润率低回报率的公司真的存在吗

你可能会问，在真实的商业世界中，是否存在李家超市这样的公司？让我们来看一些真实的案例。

1. 西蒙地产（SPG. N）

> 西蒙地产，全称西蒙地产集团有限公司，总部位于美国印第安纳州，是一家从事房地产物业开发的公司。公司拥有、开发及管理零售房地产物业、商场、名品折扣店、磨坊和社区中心等物业，是全美最大的商业地产运营商，也是北美最大的零售地产上市公司。2019 年底，其市值已经达到3902 亿美元，并且是标准普尔 500 指数成分股之一。

西蒙地产的主要财务指标见表 2-3。

表 2-3　西蒙地产的主要财务指标　　　　（%）

财务指标	2017 年	2018 年	2019 年
销售净利润率	40.5	49.9	42.1
总资产净利润率	6.1	7.8	6.8

资料来源：东方财富 Choice 金融终端。

在中国提到商业地产，人们往往第一个想到的就是万达地产（简称万达），它是中国商业地产的龙头企业，涉足的项目集购物、休闲、餐饮、文化、娱乐等功能于一体。你可以把西蒙集团理解为"美国的万达地产"。

通过西蒙地产的主要财务指标，我们可以更好地理解利润率与投资回报率的区别。2017～2019 年，西蒙地产的销售净利润率平均超 40%，说明其每 100 美元的营业额可以赚 40 美元以上的利润。但这并不代表其投入产出比也较为可观。作为商业地产公司，西蒙地产所拥有的商场、名品折扣店和社区中心都是公司资产负债表上的资产，代表着公司的投入。如果把净利润和这些投入相比较，其总资产净利润率就没有那么高了，只能达到个位数水平，不到10%。这里的总资产净利润率是与投资回报率类似的指标，是用净利润除以总资产得到的。

2. 新纪元能源（NEE. N）

> 新纪元能源于1984年根据美国佛罗里达州的法律注册成立，主要通过两个附属公司（佛罗里达电力和照明公司、NextEra能源资源有限责任公司）来开展业务。新纪元能源是美国最大的电力公司，在北美拥有位于美国30个州和加拿大4个省的发电设施。新纪元能源向500多万个客户提供零售和批发电服务。它拥有发电、输电和配电设施，以支持其业务开展。

新纪元能源的主要财务指标见表2-4。

表 2-4　新纪元能源的主要财务指标　　　　（%）

财务指标	2017 年	2018 年	2019 年
销售净利润率	30.9	34.5	17.6
总资产净利润率	5.7	6.6	3.4

资料来源：东方财富 Choice 金融终端。

这家公司有点像我们国家的国家电网，它们都是能源行业的公司，这类公司是高利润率低回报率的典型代表——其高利润率并不能保证高投资回报率。新纪元能源的资产包括各种发电、输电和配电设施，这些设施往往极其昂贵且需要具有网络规模。极高的利润率，仅仅是保证高回报率的条件之一，最终的回报还要看利润与投入的总资产之间（基础设施）的比率关系。

特斯拉的商业模式也是如此。特斯拉的利润主要来自电动汽车的制造与销售。因为电动汽车需要充电，所以特斯拉要在高速公路上安装充电桩——造价不菲且需要具备网络规模。这些投入制约着特斯拉的回报率。只有卖出的车辆足够多且具有规模效应时，特斯拉才可能赚钱。

对这类公司进行财务分析时，仅仅着眼于利润率是非常片面的，还会产生误导。

3. 航空租赁（AL. N）

> 航空租赁（Air Lease Corporation）是一家行业领先的飞机租赁公司，于 2010 年 2 月在美国特拉华州成立，由飞机租赁产业的先锋史蒂芬·乌德瓦 - 哈兹（Steven F. Udvar-Hazy）创立。该公司主要业务为直接从制造厂商（波音公司和空中客车公司）购买新型商业喷气式飞机，然后将其租赁给全球各地的航空公司以产生较好的投资回报。除了租赁业务之外，该公司也向第三方出售飞机，第三方包括其他租赁公司、金融服务公司和航空公司。该公司同时向投资以及拥有飞机的其他公司提供飞机管理服务（收取管理费用）。

航空租赁的主要财务指标见表 2-5。

表 2-5　航空租赁的主要财务指标　(%)

财务指标	2017 年	2018 年	2019 年
销售净利润率	49.9	30.4	29.1
总资产净利润率	5.1	3.0	2.9

资料来源：东方财富 Choice 金融终端。

　　与前两家公司类似，航空租赁也具有极高的销售净利润率和较低的总资产净利润率。这家公司的资产负债表中，有大量昂贵的飞机。租赁业务产生的净利润与购买飞机的资金投入之间的比例就是它的投资回报率。

　　这家公司要想提高投资回报率，首先要保证飞机的出租率，如果有未出租的飞机，则只增加了分母而没有增加分子。其次要提高利润率——提高利润不仅仅意味着提高飞机租赁的收入，还意味着降低中间的管理费用与销售费用。

四、存货对资产回报率的影响

　　在上述三家公司的案例中，涉及的资产包括购物中心、电力设施、飞机等，这些都属于公司的固定资产。而对于一些低固定资产的公司，是不是也会有利润率和回报率相背离的现象呢？

　　让我们来比较两家世界著名的连锁超市集团，沃尔玛和Costco。关于沃尔玛，就不用多介绍了。Costco 中文名叫开市客，因其 2019 年在上海开了中国第一家分店而上了头条新闻，我想大家现在应该还能记得当时消费者排队进入超市的场景。表 2-6 列举了沃尔玛与开市客这两家公司的主要财务指标。

表 2-6 沃尔玛与开市客的主要财务指标（2019 年）（%）

财务指标	沃尔玛	开市客
销售净利润率	2.9	2.4
总资产净利润率	6.5	8.5

资料来源：东方财富 Choice 金融终端。

从这两家公司的财务指标来看，它们似乎与前面介绍的三家公司正好相反：利润率低而回报率高。当然，这五家公司的共性是：利润率与回报率背离。

众所周知，超市并没有太多的固定资产，而是拥有大量的存货（财务上称这种资产为流动资产）。造成这两家超市的利润率与回报率相背离的原因，应该不是固定资产，而是存货——存货决定了这两家公司的回报率。

表 2-7 对比了 2019 年两家公司的销售收入、销售成本与存货数据。

表 2-7 沃尔玛与开市客的销售收入、销售成本与存货数据（2019 年）

（金额单位：百万美元）

项目	沃尔玛	开市客
销售收入	523 964	152 703
销售成本	394 605	132 886
存货	44 435	11 395
销售成本 / 存货	8.9	11.7

资料来源：东方财富 Choice 金融终端。

从表 2-7 中的数据可以看出，2019 年沃尔玛的存货约为 444 亿美元，而开市客的存货则约为 114 亿美元，貌似沃尔玛的存货更多。通过这个数据，是否可以直接得出结论，认为开市客的存货管理效率更高？显然不能，因为沃尔玛的销售收入是开市客的 3 倍多，对比存货的绝对值是没有意义的。

我们可以通过观察销售成本与存货之间的比例关系，来确定哪家公司的存货管理效率更高，即比较两家公司各自用了多少资源支撑了多大规模的业务。我们称这个比例为存货周转率。沃尔玛的存货周转率是 8.9 次 / 年，而开市客的存货周转率则为 11.7 次 / 年。

还有一个更直观的指标叫存货周转天数。用 365 天除以刚才算出来的存货周转率，会相应地得到 41 天和 31 天（见表 2-8）。

表 2-8 沃尔玛与开市客的利润与存货的相关指标（2019 年）

财务指标	沃尔玛	开市客
销售净利润率	2.9%	2.4%
总资产净利润率	6.5%	8.5%

（续）

财务指标	沃尔玛	开市客
存货周转率	8.9 次 / 年	11.7 次 / 年
存货周转天数	41 天	31 天

资料来源：东方财富 Choice 金融终端。

也就是说，沃尔玛的存货平均周转一次需要 41 天，而开市客只需要 31 天。至此我们可以得出结论：开市客的高投资回报率得益于更快的存货周转速度。为什么开市客的存货周转率会高于沃尔玛呢？在连锁超市的经营中，有一个专用术语叫 SKU，就是商品的种类。开市客的 SKU 远远低于沃尔玛。以牙膏为例，沃尔玛的货架上有很多种品牌的牙膏，每一种品牌又有多种规格，而在开市客的货架上，就只有一两种品牌的牙膏，而且每种品牌的规格就那么一两种。较少的 SKU 使得存货的预测与管理更加简单而有效，这就是开市客的存货周转率高于沃尔玛的原因。

资产类的因素与利润类的因素决定了公司的资产回报率。而资产既包括固定资产，又包括存货这种流动资产。从管理的角度来看，除了降低成本、增加效益、提高公司的利润率之外，经营者还要特别关注存货、固定资产的投入与管理。

五、数据链接：知名美股的利润率与回报率

下面的表 2-9 呈现了 2018 年和 2019 年知名美股上市公司的销售净利润率和总资产净利润率（属于投资回报率），供大家参考。

表 2-9 知名美股上市公司的销售净利润率与总资产净利润率

(%)

股票代码	公司名称	2018 年		2019 年	
		销售净利润率	总资产净利润率	销售净利润率	总资产净利润率
AAPL.O	苹果	22.4	16.1	21.2	15.7
AMZN.O	亚马逊	4.3	6.9	4.1	6.0
BP.N	英国石油（US）	3.2	3.4	1.5	1.4
CAJ.N	佳能	6.7	5.0	3.9	2.6
CHL.N	中国移动	16.0	7.7	14.3	6.7
DAL.N	达美航空	8.9	6.9	10.1	7.6
FB.O	Facebook Inc-A	39.6	24.3	26.1	16.0
GOOG.O	谷歌 -C	22.5	14.3	21.2	13.5
HLT.N	希尔顿酒店	8.6	5.4	9.4	6.1
HPQ.N	惠普	9.1	15.8	5.4	9.3
INTC.O	英特尔	29.7	16.8	29.2	15.9
KO.N	可口可乐	20.3	7.5	24.1	10.5
MCD.N	麦当劳	28.2	17.8	28.6	15.0
NFLX.O	奈飞	7.7	5.4	9.3	6.2
SBUX.O	星巴克	18.3	23.5	13.6	16.6
YUM.N	百胜餐饮	27.1	32.7	23.1	27.6

资料来源：东方财富 Choice 金融终端。

在这张表里，有我的老东家惠普。在我们老惠普人的心目中，惠普是一家伟大的公司，它很早便将资产回报率应用于经营管理。

在 20 世纪 90 年代，大多数外企施行"利润分享计划"（Profit Sharing），将其作为员工激励计划的一部分。而在当时，一些咨询公司经过调查与研究发现，利润增长不一定来自员工的努力工作，增加投资也可以帮助公司实现利润增长。所以，这些咨询公司认为，单纯以利润指标作为员工激励的依据是不妥当的。

之后，惠普在员工激励计划中引入了资产回报率这个指标，背后的原因就是我们之前讲的利润率与回报率有所区别：只有回报率的增长才是真正的盈利增长。增加投资或许可以带来利润绝对值的增长，但追求回报率的增长可以引导员工专注于提高资产的使用效率，而不是一味让公司增加投资。

记得当年每次年报出来之后，惠普总裁都会发表一个讲话，总结公司上一年的表现。那时候惠普有广播系统，就是全公司都可以听到的大喇叭广播。因为关系到自己的收入，每次听到回报率的时候，我就会竖起耳朵，听完之后便默默地计算一下自己的小钱包能添多少钱。现在回想起来，还挺有意思的。

· 本章小结 ·

1. 从投资分析的角度出发，巴菲特推崇净资产回报率（ROE），而不是利润和利润率。

2. 利润率计算的局限在于：只考虑了经营过程中的效率，而没有充分考虑投资的效率；只强调增加收入与降低成本，却没有考虑资产的效率。

3. 资产类的因素与利润类的因素决定了公司的资产回报率。资产既包括固定资产，又包括存货这种流动资产。从管理的角度来看，除了降低成本、增加效益、提高公司的利润率之外，经营者还要特别关注存货、固定资产的投入与管理。

4. 把利润指标用于员工激励，容易产生误导。回报率类的指标可以引导员工专注于提升资产的使用效率，而不是一味让公司增加投资。

———• 思 考 题 •———

你们公司的员工激励计划中有哪些财务指标？是不是也包含回报率类的指标？

第三章

股东的盈利底线

> 通常认为，股东期望从所投资公司中分得的收益总是要大于作为业主的经营所得或作为债权人的债权固定收益，这就是股东之所以成为股东的理由。
>
> ——佚名

一、为什么是 20% 而不是 19%

"如果非要我只用一个指标来选股，我会选择 ROE（净资产回报率），那些 ROE 能常年持续稳定在 20% 以上的公司都是好公司，投资者应当考虑买入。"我们再次引用巴菲特的这句话。在上一章我们分析了为什么使用净资产回报率来测量，而不是利润率。这一次，我们要再一次较个真儿，为什么巴菲特说20%？19%的企业就不能投了吗？这个20%是巴菲特拍脑袋想出来的吗？

二、关于机会成本

要解释清楚这个问题，让我们先从机会成本说起。

小张本来有一份年薪20万元的工作，现在小张辞去工作脱产读研究生，学费一年10万元。小张每年读研究生的总成本是多少？一共30万元：10万元学费是直接成本，因为上学而牺牲的20万元年薪则为机会成本。

我们再来看另一个例子。

王小二有存款100万元，目前放在银行理财，理财的年化收益率为3%。王小二的朋友张小三想开一家饭馆，需要资金300万元。张小三自己有200万元现金，他希望王小二和他一起开饭馆。如果王小二把存款取出投到张小三的饭馆，王小二因为开饭馆而放弃的3万元的理财收益就是他的机会成本。

假设王小二在开饭馆之前有两个投资机会，一个是年化收益率3%的理财产品投资，另一个是买入一只预期年化收益率为8%的债券型基金，那么现在投资张小三的饭馆，机会成本是多少呢？财务上认定的机会成本，是所放弃的机会中最高的收益。所以，王小二的机会成本不再是3万元，而是8万元。

三、债权人、业主与股东

其实，王小二还有另一种选择。那就是当张小三的债权人：借 100 万元现金给张小三，约定一个比较高的年利率，比如 10%。对于王小二而言，当债权人不用承担经营风险，而且至少在法律层面有获得本金与利息的权利。

机会成本是如何影响王小二对于投资饭馆的回报率预期呢？我们可以想象，如果开饭馆的预期回报率低于 10%，王小二可能就不愿意和张小三一起开饭馆了。毕竟开饭馆还要冒更大的风险。

如果把这几种情况都考虑进去，假设王小二仍然愿意和张小三一起开饭馆，对于饭馆的投资回报率的预期应该是多少呢？

> 机会成本（opportunity cost）是指企业为从事某项经营活动而放弃另一项经营活动的机会，或利用一定资源获得某种收入时所放弃的另一种收入。通过对机会成本的分析，企业在经营能够正确选择经营项目，其依据是实际收益必须大于机会成本，从而使有限的资源得到最佳配置。
>
> ——百度百科

根据机会成本的定义，王小二的投资回报率必须大于机会成本，也就是说，大于10%的借款利息收益。我们可以假设饭馆的投资回报率为15%。

事实上，王小二还有其他的投资机会，比如买入成长型高科技公司的股票。这项投资的回报率应该是多少，才能让王小二满意呢？

我们来分析一下，王小二现在有三个投资机会：

（1）把100万元借给张小三，成为债权人；

（2）与张小三一起经营饭馆，成为业主；

（3）买入高科技公司的股票，成为股东。

从机会成本的角度来看，债权人的固定收益和业主的经营所得就是王小二成为高科技公司股东的机会成本，所以他对高科技公司投资回报率的预期会大于15%。

通常认为，股东期望从被投资公司中所分得的收益总是要大于作为业主的经营所得或作为债权人的债权固定收益，这就是股

东之所以成为股东的理由。

从金融学的角度来看，我们对一项投资的预期收益率取决于：① 资金的真实无风险收益（货币的时间价值）；② 预期的通货膨胀率；③ 风险溢价。

从这个原理来看，买股票比买理财产品承担的风险大，所以股票的预期收益率必然要大于理财产品；而买股票成为上市公司股东获取收益，比成为公司债权人（买债券）要承担更多的风险，也比成为业主要多承担代理人风险（来自信息不对称的风险），所以必然要获得更高的风险溢价。

巴菲特要求所投资公司的净资产回报率大于 20%，也是出于对机会成本和风险溢价的考虑。

把同样的道理放到更宏观的层面来看，历史上只要美联储加息，美国股市就会大跌，因为投资者的机会成本被抬高了。固定收益类（比如债券）的收益率提高，买股票的机会成本就变得更高了，从而一部分人从价格已经高高在上的股票市场逐渐把资金转移到固定收益市场中去。

在利率上涨的时候，租房比购房更有吸引力。因为资金的机会成本高，如果房价没有上涨预期，用这些钱来投资固定收益类产品更加有利可图。

四、上市公司的净资产回报率

按照刚才的理论，上市公司应该具有较高的净资产回报率，至少要高于固定收益类产品的回报率吧。实际情况怎么样呢?

我在金融终端上查了一下,给大家汇总了 A 股上市公司的平均净资产回报率(见表 3-1)。

表 3-1　A 股上市公司平均净资产回报率　　　　(%)

	2018 年	2019 年
全部 A 股公司	4.4	3.0
上证综合指数成分股公司	6.3	9.5
沪深 300 指数成分股公司	13.8	13.4

资料来源:东方财富 Choice 金融终端。

全部 A 股公司的平均净资产收益率有点惨烈,2018 年是 4.4%,而 2019 年更是下降到 3.0%。这个指标还真的不如银行固定收益类理财产品。上证综合指数成分股公司的数据稍微好一些,而且 2019 年还有很大的提升。沪深 300 指数覆盖了 A 股最好的 300 家公司,这些公司的平均净资产收益率要显著地好于前两者,在 2018 年和 2019 年的平均值都超过了 13%。

如果按行业来看,各个行业的净资产回报率又如何呢?哪个行业的赚钱能力比较强?表 3-2 汇总了 A 股上市公司部分行业的净资产回报率。

表 3-2　A 股上市公司部分行业净资产回报率　　　　(%)

行业	净资产回报率	
	2018 年	2019 年
生物制品	−26.8	7.9
汽车整车	−1.1	−11.6
家用电器	1.3	5.1

（续）

行业	净资产回报率	
	2018 年	2019 年
石油开采	3.4	5.4
通信运营	5.3	-4.0
电子零部件制造	5.8	10.1
航空运输	6.9	9.0
计算机设备	8.5	4.0
房地产开发	9.2	7.5
化学原料药	9.7	13.0
日用化学产品	10.2	8.1
银行	12.8	12.3
医疗器械	15.2	12.8
白酒	19.9	22.2
钢铁	45.8	13.4

资料来源：东方财富 Choice 金融终端。

白酒行业中的贵州茅台，2019 年的净资产回报率达到 33%，2017 年到 2019 年净资产收益率的平均值在 32% 以上。

我们再看看美股上市公司的净资产回报率情况（见表 3-3）。

表 3-3 美股上市公司的净资产回报率　　（%）

股票代码	公司名称	净资产回报率		
		2017 年	2018 年	2019 年
AAPL.O	苹果	36.9	49.4	55.9
AMZN.O	亚马逊	12.9	28.3	21.9
BP.N	英国石油（US）	3.5	9.5	4.1
CAJ.N	佳能	8.6	8.9	4.5
CHL.N	中国移动	11.6	11.6	9.9
DAL.N	达美航空	27.3	30.0	32.8

（续）

股票代码	公司名称	净资产回报率		
		2017 年	2018 年	2019 年
FB.O	Facebook Inc-A	23.9	27.9	20.0
GOOG.O	谷歌 -C	8.7	18.6	18.1
HLT.N	希尔顿酒店	31.6	68.2	2 553.6
HPQ.N	惠普	−69.2	−263.3	−344.1
INTC.O	英特尔	14.2	29.3	27.7
KO.N	可口可乐	6.2	37.8	49.6
MCD.N	麦当劳	−189.8	−124.4	−83.3
NFLX.O	奈飞	17.9	27.5	29.1
SBUX.O	星巴克	50.9	136.5	−142.2
YUM.N	百胜餐饮	−22.4	−21.6	−16.2

资料来源：东方财富 Choice 金融终端。

表 3-3 中的苹果和可口可乐是巴菲特的重仓股，连续三年的净资产回报率都是上涨的。2019 年，苹果的净资产回报率达到了 55.9%，可口可乐达到了 49.6%。看来，巴菲特选择的股票真的符合他的选股标准，而且远远大于 20% 呢。

· **本章小结** ·

1. 财务上认定的机会成本，是所放弃的机会中的最高收益。

2. 通常认为，股东期望从所投资公司中分得的收益总是要大于业主的经营所得或债权的固定收益，这就是股东之所以成为股东的理由。

3. 巴菲特要求所投资公司的净资产回报率大于 20%，是出于对机会成本和风险溢价的考虑。

4. 政府采取加息的货币政策，会造成股市大跌，因为投资者买股票的机会成本被抬高了。

5. 在利率上涨的时候，租房比购房更有吸引力。因为资金的机会成本高，投资者更愿意用这些钱来投资固定收益类产品。只有房价上涨的预期收益率高于固定收益类产品的收益率时，投资人才会愿意购房。

• 思 考 题 •

生活中还有哪些机会成本理论的应用？你们公司的预算目标里有投资回报率吗？

第四章

利润是人造概念

在经营活动中必然有钱、物的流动，这时必须保证钱、物与票证的一一对应，这个原则我称之为"一一对应"原则。

——稻盛和夫

一、利润与现金流：傻傻分不清

先问大家一个问题，我们在家里记账的时候，记的是家庭利润表还是家庭现金流量表呢？

举个例子。你利用业余时间学计算机，报了一门网课，一共学习 12 个月。报名时支付了学费 1200 元。作为一个普通人，如果你有记账的习惯,你会怎么记这笔账呢? 1200元,一次性计入了报名当月的费用中,没错吧?如果你是财务人员,你会怎么记账呢? 1200元分摊到12个月,每个月100元,因为这1200元不是一次性消耗掉的,你购买的是一年的学习权利。这说明什么呢?我们家庭记账记的是家庭现金流,而不是家庭利润。

不过现金流的概念有一个缺陷,那就是现金的流入流出并不能百分之百反映公司的盈利状况。站在计算机学校的角度来看,假设这个计算机学校对所有学生的收费都发生在1月,现金在1月集中流入,在后续的一年中,计算机学校会分期支付员工工资和办公场所租金等费用。如果按照家庭记账的逻辑,在计算机学校的利润表上,只有1月有收入,因此1月盈利很多。其他月份公司只有费用没有收入,出现亏损。用财务的语言来说,就是某些期间利润高估,某些期间利润低估,并未反映实际情况。

类似的例子还有很多。比如美容院收到客户预付的办卡费,健身房收到会员提前支付的全年会员费。当然,还有很多相反的例子,比如很多公司都采用了赊销模式,先把货物卖给客户,后面再收回货款。不管是哪种情况,都会出现现金流与利润背离的情况。

为了改变这种情况,更好地衡量一家公司是不是赚钱,我们就人为创造出了"利润"这个概念。把现金流中的要素根据一定的规则重新排列组合,把收入、成本和费用尽量合理地进行拼接,最后拼出来的就是"利润"。这样算出来的利润可以更好地反映一家公司的盈利情况。

比如前面提到的计算机学校，通过把收入计入 12 个月，这样就可以和按月发生的员工工资和租金等经营成本相匹配，从而产生合理的利润。

其实，现金流是我们生活中本来就存在的，即使大家没有学过财务也一定能够理解现金流的概念。现金流是天然形成的，而利润则是一定规则下的人造产物。

二、公司会因为购买存货而亏损吗

利润到底是按照什么规则被人为创造出来的呢？

让我们设想一下，京东会不会因为买了一批存货而亏损？举个例子，京东在上一年年末的时候买了价值 100 万元的手机，而这批手机今年才卖出去。如果存货被计入上一年的成本，但是收入却被计入今年，上一年就可能亏损，而今年则会盈利。这是不是不太合理？

怎么解决这个问题呢？请大家记住一句话："无收入，无成本。"成本与收入总是如影随形，成对出现。如果收入没有出现，成本也一定缺席。还记得第一章里讲过的稻盛和夫的"一一对应"原则，收入与成本要一一对应。如果当月完成了销售，产生了销售收入，哪怕没有收到银行的进口单据，也要同时确认成本。财务上，管这个原则叫"配比原则"。

你可别小看了这个原则。如果没有配比原则，就没有今天的股票市场。股票市场是进行资源配置的地方，优秀的公司可以得到更多的资金。前提是要解决信息不对称的难题。如何将企业的经营状况公允地披露给潜在的投资人？如果没有配比原则，上市公司的利润表就没有任何参考价值。

你可能会问，这笔购买存货的钱确实花出去了呀，如果不计入成本，那这笔钱计入什么科目呢？存货！而存货的藏身之所就是资产负债表，不会影响公司的利润表。只有当这批存货被销售之后产生了收入，相对应的存货价值才会跑到利润表上成为成本。

如果产品是自己生产的，而不是像京东那样买入存货直接销售，在生产过程中还会发生工人工资、机器折旧等成本，这些成本也要和收入一一对应吗？答案是肯定的。你可以想象一下，某个产品的成本会被集中装进一个大筐里，原材料成本、工人工资、折旧费、厂房租金都被扔进这个筐里。等到最终产品被生产出来时，所有被归集到这个筐里的花销加总在一起变为资产负债表上的存货。将来收入被确认的那一天，就是存货变为成本的那一天。

三、华谊兄弟的"存货"

电影行业也会产生存货吗？虽然电影行业听起来比制造业要高大上，但是电影的生产过程与制造业的产品生产过程如出一辙。

嗯，还记得上面提到的成本归集的"大筐"吗？在拍电影的时候，也有一个大筐，支付的演员工资、场地租金和道具费用都被扔进了这个大筐，而不是在当期计入成本。在未来卖出电影产生收入的时候，这些花费才会和收入进行配比。

　　为制作一部电影所花费的钱早晚都会计入公司成本，但不一定是当前。但是花出去的钱总要记账啊，它们没有计入成本，中转的去处还是存货。

　　华谊兄弟的存货分为两种，一种是影视剧类存货，一种是非影视剧类存货。

　　影视剧类存货，也包括原材料、在产品和库存商品这几类。你看是不是和工厂很像？原材料是指计划拍摄的电影或电视剧的文字剧本的成本；在产品是指拍摄电影、电视剧过程中的成本；库存商品是指已经入库的电影、电视剧的成本。

　　非影视剧类存货，指的是电影院用的放映机、服务器、电脑配件等，和一般公司没有什么差别。表 4-1 是节选自华谊兄弟2018 年报的存货明细说明。

表 4-1　华谊兄弟存货明细说明

项目	类型	状态
八佰	电影	已完成拍摄
手机 2	电影	已完成拍摄
大龟甲师	影视剧	著作改编权
喵喵汪汪有妖怪	网剧	未完成拍摄
古董局中局	影视剧	著作改编权

资料来源：华谊兄弟（300027.SZ）2018 年年报。

为什么说存货是中转的去处，而不是终点站呢？因为最终存货还是要结转成本，和收入一一对应。当然，其中有一种可能，电影最终无法上映，这个时候库存就直接变成成本，相当于资产减值损失。

四、权责发生制：受益期与付款期

我们注意到，和销售收入一一对应的是成本。在刚才工厂的案例里，只有那些和产品直接相联系的成本，才会经过"存货—成本"的路径，与收入进行配比。在华谊兄弟的案例里，只有和电影、电视剧相关的直接成本才会计入存货，再结转为公司的成本。那么工厂管理人员的工资、销售人员的佣金、华谊兄弟总部大楼的租金，这些费用也要和销售收入产生"一一对应"的配比关系吗？

我们管这一类费用叫期间费用，从名称上就可以看出来，这些费用的入账与时间相关，而不是与收入一一对应。让我们看一个例子。某公司在 1 月支付第 1 季度的租金，一共 30 万元。30 万元的记账"期间"，到底是 1 月呢？还是整个第一季度的三个月？

关于这笔租金，存在着两个时间概念：受益期与付款期。从付款期的角度来看，30 万元所在的期间是 1 月，它在此期间影响现金流量表；从受益期的角度来看，30 万元所在的期间是第一季度的 1 月到 3 月，每个月都有 10 万元的租金费用，而这构成了利润表上的期间费用。

为什么期间费用不能和收入配比呢？我们看华谊兄弟的例子。针对每一部特定的电影，演员工资、导演工资、场地和道具费用是可以分摊到不同的电影，所以具备与收入进行一一对应的可能性。但是华谊兄弟的总部大楼租金，如何分到每部电影中呢？所以，期间费用无法与收入进行配比。

企业在确认收入和成本的时候，遵循的是"权责发生制"原则。

权责发生制又称"应收应付制"。它是以本会计期间发生的费用和收入是否应计入本期损益为标准处理有关经济业务的一种制度。凡在本期发生应从本期收入中获得补偿的费用，不论是否在本期已实际支付货币资金，均应作为本期的费用处理；凡在本期发生应归属于本期的收入，不论是否在本期已实际收到货币资金，均应作为本期的收入处理。实行这种制度，有利于正确反映各期的费用水平和盈亏状况。

——百度百科

配比原则属于广义的权责发生制。大多数的营利性企业，按照会计准则的要求，都必须采用权责发生制。只有少量的非营利组织或者政府机构实行收付实现制。

这两个有什么区别呢？权责发生制，从定义上来看，强调的是权利义务和责任的匹配。刚才提到的计算机学校，在1月收到了1200元学费，还没有产生收入的权利。在客户上网学习的过程中，计算机学校履行了教学义务，这时才产生了真正的收入。在租金的例子里，该公司支付租金时并没有消耗这项成本，也就没有产生相应的责任。在三个月的经营中，该公司才慢慢消耗了租金这项成本，所以发生租金成本的期间为三个月。

权责发生制可以帮我们精准地衡量利润。举个例子，我们要考核子公司总经理的经营绩效，在权责发生制下，他不会因为推迟支付租金而改善利润，也不会因为购买存货而使利润变差。我们更希望以精准配比下的利润来衡量他的盈利能力。在实际操作中，会用利润考核这家子公司的盈利能力，用现金流考核它的生存能力。

· 本章小结 ·

1. 现金流是自然产生的，而利润是人为创造的。把现金流中的要素根据一定的规则重新排列组合，把收入、成本和费用尽量合理地进行拼接，最后拼出来的就是"利润"。这样算出来的利润可以更好地反映一家公司的盈利情况。

2. 收入与成本要"一一对应"，这就是财务的配比原则。除了成本之外的间接费用，不需要与收入配比，这些费用根据权责发生制计入会计期间。

3. 费用根据受益期而不是付款期计入公司的报表，这就是权责发生制。大多数公司采用权责发生制，只有政府和非营利组织采用收付实现制。

・ 思 考 题 ・

你知道哪些利润好但是现金流不好的公司？为什么会发生这样的情况？

第五章

资产是未来的费用

在经营的重要领域——会计领域，不能盲目地遵循会计的常识和习惯，而要追问什么是问题的本质，回归会计的原理和原则进行判断。

——稻盛和夫

一、折旧：受益期的另一种应用

（稻盛和夫）问会计人员："购买机器设备为什么要考虑折旧？"

会计人员会这样回答："机械设备使用时并不改变形态，这与原材料不同，原材料会改变形态，变成产品。因此，可以用上几年的机械设备，作为费用一次性打入成本不合理。那么，不停地使用，等报废时再一次性打入成本显然也不合理。所以正确的做法是，确定机械设备能够有效工作、正常生产产品的年数，在这一期间内分摊该机械设备的成本。"

——稻盛和夫《经营与会计》

我们上一章讲到权责发生制，费用的确认是根据受益期，而不是付款期。那些提前付款的费用，比如租金，需要把费用分摊到受益期。

因购买机器设备而一次性支付的款项，通过折旧这种处理方法，分摊到机器设备的使用年限中，这不就是权责发生制里面的受益期吗？

从这个例子可以看出，从某种角度来说，资产和费用并无本质区别。大多数资产最终也会变成费用，不满足条件的费用，会以资产的形式暂时计入资产负债表中。

二、稻盛和夫与财务人员的争论

至此，稻盛和夫与财务人员的对话似乎告一段落，但是你可能不知道，关于折旧与折旧年限的讨论，对于企业的经营与管理，有着更深刻的影响。

让我们先普及一个常识。最常用的折旧方法就是直线折旧法。举个例子，某公司购买了一台电脑，支付 6000 元，假设电脑可以使用三年，每一年的折旧费为 6000÷3＝2000 元。这个方法非常简单。如果折旧年限为 5 年，每一年的折旧费就是 1200元。可见，折旧年限的选择，对于公司的成本/费用有极大的影响。

应该如何选择折旧年限呢？我们来看看稻盛和夫的京瓷公司财务人员是如何选择的。

财务人员按照当时日本大藏省（掌管财政、金融、税收）颁布的"折旧年数一览表"，来决定设备的折旧年数。按照这份一览表，陶瓷粉末成型设备，归属"陶瓷器、黏土制品、耐火物品等制造设备"，使用寿命为 12 年。也就是说，折旧年限为 12 年。

你也许会奇怪，折旧年限到底是谁规定的？折旧年限涉及公司的成本，折旧年限过短，则成本过高，会导致公司利润不足或者亏损，无法上交经营所得税。因此，国家的财政税务机关往往会规定固定资产的使用年限。这个法定年限是下限而非上限。低于规定的下限不被允许，而在下限之上则企业可以自由选择。

比如在中国，机动车辆的法定折旧年限为 4 年，企业可以选择按 4 年折旧或者按 5 年折旧，但是不可以选择 3 年折旧。

我们继续看稻盛和夫与财务人员讨论的话题。稻盛和夫与财务人员争论的焦点是什么呢？

稻盛和夫认为，大藏省规定的法定折旧年限，并不能反映企业的真实情况，是一刀切的做法，是为了所谓的公平税负，并不合理。按照他的经验，新型陶瓷设备 24 小时连续运转，即使精心维护和保养，最多也就能使用五六年。因此折旧年限应该按照设备实际使用的年数来确定。

此时，财务人员一定在腹诽老板不懂国家财政税务机关的要求。

如果你认为，稻盛和夫主要是出于节税的角度来思考折旧年限的问题，你就想错了。让我们来看看，稻盛和夫作为经营者，是如何思考这个问题的。

假设设备的实际使用年限为 6 年，按照法定折旧年限 12 年来折旧，在设备的使用期间折旧金额过低，而在设备报废之后，还在继续折旧。

事实上发生的费用不计入成本，从而夸大了当期利润，这种做法既违反经营原则，也违反会计原则。

——稻盛和夫《经营与会计》

稻盛和夫认为折旧年限的不准确造成了会计报表上的利润不能反映真实的经营状况。

三、折旧年限对价格与现金流的影响

在我看来，错误地使用折旧年限不仅夸大了当期利润，还会扭曲价格。图 5-1 解释了折旧年限对成本的影响。

如图 5-1 所示，从单个产品的角度来看，假设折旧年限为 6 年，则分摊到每件产品上的折旧费为 60 元，产品成本为 100 元；如果按照法定折旧年限 12 年，分摊到每件产品上的折旧费 30 元，产品成本为 70 元。制造成本被低估，导致销售价格被低估，对公司的经营造成非常大的风险。可以说，成本无小事，财务无小事。

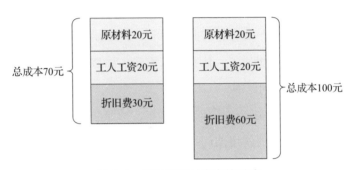

图 5-1　折旧年限对成本的影响

折旧年限还会影响资本性投资的现金流积累。在刚才单个产品成本的案例中，如图 5-2 所示，假设产品的成本是 100 元，当公司收到客户的付款，除去应有的利润，剩下的钱会怎么分配呢？原材料 20 元，支付给供应商；工人工资 20 元，发给员工；折旧费 60 元，如何分配？需要支付给设备厂商吗？显然不用，因为购买设备的时候已经支付过了。折旧并不会引起现金的流出，这 60 元就留在了公司的银行账户里。此时，公司的银行上会多出两笔钱，一笔钱是卖这个产品的利润（买卖差价），另一笔钱就是折旧费。

每卖一个产品都会产生 60 元的折旧费返还，如果按照设备真正使用年限来折旧的话，等到 6 年的折旧期满时，所有的折旧费加在一起，正好可以买一台新设备。但如果按照法定折旧年限 12 年来折旧的话，等到第 6 年设备报废时，只积累了一半的设备款。所以折旧年限对企业经营的影响还是很大的。

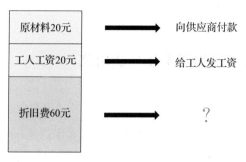

图 5-2　折旧年限对现金流的影响

最后，我们回到稻盛和夫的案例中，最终到底是谁赢了这场争论呢？我先告诉你答案，稻盛和夫赢了，公司的财务人员最终按真实的设备使用年限计算折旧。

对于这个结果，你心里可能还有一个疑问，法定折旧年限不是国家规定的吗？稻盛和夫为什么可以自己选择呢？法定折旧年限是为了保证国家的税收。稻盛和夫的京瓷公司，在上交税务报表的时候，还是按照 12 年折旧，因此缴纳了较高的所得税。但是，在公司的财务报表上，则是按照 6 年折旧，因而可以准确地反映公司的真正经营状况，规避了上面提到的两个问题：① 成本及价格扭曲，② 资本性支出储备不足。

这里顺便提一下，公司的报表分为两类：财务会计报告和税务会计报告。按照 6 年折旧记账的报表是财务会计报告，它的使用者是公司的股东和经营管理者。按照 12 年折旧记账的报表是税务会计报告，它的使用者是国家的财政税务机关。**这两类报表之**

间存在差异的原因是：财务会计报告根据会计准则制定，而税务会计报告根据税法制定。

四、研发支出的资本化与费用化

如果有一个公司，连续 5 年，每年投入 1 亿元研发一种新产品，新产品在第 5 年末被研发出来，第 6 年投放市场，假设可以一直卖 10 年。

公司应该怎么做账呢？如果把研发支出都计入前 5 年，似乎就不太符合受益期的标准，会导致前 5 年利润低估，后 10 年利润高估。

我们前面讲到，资产是未来的费用，不满足条件的费用，会暂时以资产形式计入资产负债表中。研发支出就属于后者，把研发支出计为资产的这个动作叫作研发支出的"资本化"。资本化后的研发支出会形成无形资产，在新产品进行销售的期间进行摊销。比如上例中，这种产品会销售 10 年，那么形成的无形资产会在这 10 年内进行摊销。

并不是所有的研发支出都可以被资本化的。从字面上理解，研发分为研究和开发两个阶段。研究阶段的支出，是不可以被资本化的，计入当期费用，也叫作费用化；只有开发阶段的支出，才可以资本化。为什么会有这样的区别呢？研究阶段很有可能失败，未必会产出结果，所以要进行费用化处理；后期开发阶段，产品已经接近商业化，预计很快就可以转化为产品，会计政策允许把这部分进行资本化，作为公司的无形资产。

在这里给大家举个例子，医药公司经常会自主研发一些创新药，在拿到临床批件之前，属于研究阶段，所有的支出都应该被费用化；拿到临床批件之后，属于开发阶段，这个阶段的支出可以资本化。

资本化的具体条件如下：

（1）完成该无形资产以使其能够使用或出售，在技术上具有可行性；

（2）具有完成该无形资产并使用或出售的意图；

（3）无形资产具有产生经济利益的方式，包括能够证明运用该无形资产生产的产品存在市场或无形资产自身存在市场，无形资产将在内部使用的，能证明其有用性；

（4）有足够的技术、财务资源和其他资源支持，以完成该无形资产的开发，并有能力使用或出售该无形资产；

（5）归属于该无形资产开发阶段的支出能够可靠地计量。

到此为止，你似乎觉得，研究与开发应该是泾渭分明。事实上，对于资本化与费用化，存在着极大的主观判断空间。而不同的操作方法，会使高科技企业的利润产生天壤之别。

如果把研发支出全部费用化，就会降低当期利润；如果尽可能多地资本化，利润表上就会出现高额利润，给股东一份漂亮的答卷。问题有两个：第一，这种利润只是纸面富贵，无法给股东提供现金流；第二，出来混，迟早是要还的，还记得我们讲过资产是未来的费用，作为无形资产的研发支出，将来还要回到利润表。资本化，只是形成了无形资产，在后面，还有类似于折旧的动作，针对无形资产不能称之为"折旧"（depreciation），而是"摊销"（amortization）。

我们看一个营业利润率对研发支出资本化的敏感性分析（见表5-1），即不同的研发支出资本化率如何影响高科技企业的利润。

表5-1　营业利润率对研发支出资本化的敏感性分析（研发支出为1亿元）

（金额单位：元）

项目	研发支出 0 资本化	研发支出 30% 资本化	研发支出 60% 资本化
销售收入	1 000 000 000	1 000 000 000	1 000 000 000
销售成本	600 000 000	600 000 000	600 000 000
毛利润	400 000 000	400 000 000	400 000 000
销售费用	100 000 000	100 000 000	100 000 000
管理费用	50 000 000	50 000 000	50 000 000
研发费用	100 000 000	70 000 000	40 000 000
营业利润	150 000 000	180 000 000	210 000 000
营业利润率	15%	18%	21%

从上面的分析可以看出，假设当年的研发支出为1亿元，如果零资本化，全部费用化，公司的营业利润率为15%；如果30%研发支出进行资本化，也就是说只有70%研发投入，即7000万元计入当期利润表，则营业利润率可以提升到18%；如果60%研发支出进行资本化，则营业利润率可以达到21%！

图 5-3 是科大讯飞（股票代码：002230）的研发支出资本化数据：

图 5-3　科大讯飞的研发资本化率

资料来源：科大讯飞（002230.SZ）年报。

在图 5-3 中，深蓝色的柱线代表研发总支出，浅蓝色的柱线代表资本化的部分，上面的蓝色折线代表资本化比率。科大讯飞的研发总支出增加的速度很快。2015 年的研发总支出是 5.8 亿元，而到了 2019 年，研发总支出达到 21.4 亿元。研发资本化率平均在 40% ～ 50% 之间。2015 年为 41.5%，2016 年最高，52.4%。

以 2019 年为例，研发总支出的 21.4 亿元，乘以资本化率48.5%，资本化的金额高达 10.4 亿元。我注意到，2019 年的营业利润为 9.9 亿元。如果这些研发支出没有被资本化，全部作为当期费用，9.9 亿元的营业利润就要变成亏损了。

图 5-4 展示了海康威视的研发支出数据。

图 5-4   海康威视的研发支出数据

资料来源：海康威视（002415.SZ）年报。

图 5-4 是海康威视的研发总支出。海康威视的研发总支出从 2015 年的 17 亿元增长为 2019 年的 55 亿元。但是与科大讯飞不同的是，海康威视的研发支出资本化率为 0，即全部研发支出都在当期费用化。

每个科技公司对于研发支出资本化率，都有自己的判断，在这里我们无法分辨孰好孰坏，但是我们应该记得，研发资本化率不仅影响当期利润，也影响未来的利润。

研发支出资本化的处理，在公司账面上形成了大量的无形资产，而这些无形资产实为公司未来的费用，加大了公司未来盈利能力的不确定性。而且，无形资产的管理，也是对公司管理层的挑战。财务上讲究账账相符，账实相符。每一个资产负债表上抽象的数字，背后都有大量的业务数据支撑。无形资产的抽象数字背后，必然是多个研发项目的细节报告。

如果一个公司，只研发一种产品，成功之后，就不再研发新的产品，而且在未来的十年里，只销售这一种产品，在这种假设情形下，研发支出资本化倒是一个很好的办法，帮助企业把研发支出与受益期相匹配，以达到平滑利润曲线的目的。

可是，在当前日益激烈的竞争环境下，研发的持续投入成为一种常态，科技公司每年都会开发大量的新产品。研发支出资本化的会计核算方法是否还有意义呢？这值得深思。

·本章小结·

1. 资产是未来的费用，大多数资产最终会变成费用，不满足条件的费用，会以资产的形式暂时计入资产负债表中。

2. 国家的财政税务机关往往会规定固定资产的使用年限。这个法定年限是下限而非上限。低于规定的下限不被允许，而在下限之上则企业可以自由选择。

3. 错误地使用折旧年限使得财务报表不能反映真正经营状况，扭曲当期利润，还会造成成本及价格扭曲，以及资本性支出储备不足。

4. 公司的报表分为两类：财务会计报告和税务会计报告。财务会计报告的使用者是公司的股东和经营管理者。税务会计报告的使用者是国家的财政税务机关。这两类报表之间存在差异的原因是：财务会计报告根据会计准则制定，而税务会计报告根据税法制定。

5. 研发分为研究和开发两个阶段。研究阶段的支出计入当期费用，被"费用化"；开发阶段的支出计入无形资产，被"资本化"。

6. 研发资本化的处理，短期可以美化利润，但从长期来看，在公司账面上形成的无形资产实为公司未来的费用，加大了公司未来盈利能力的不确定性。

● 思 考 题 ●

你认为研发支出资本化与费用化的优劣是什么？你们公司是怎么操作的？

互联网公司，比如视频网站公司，会有折旧费吗？是什么原因造成的？

第六章

利润表上的经营逻辑

其实价格战是最不应该采取的策略，因为降低价格就是降低自己的毛利、收益，我们要做的是提高商品的品质。

——内田慎治（7-11（中国）董事长）

一、一个便利店的盈利估算

如果你家附近开了一个便利店，出于好奇心，你想知道这个店一个月能挣多少钱，你会怎么估算呢？你会直接估算净利润吗？不会。

第一步，估计这个店，一个月能有多少营业额，俗称"流水"，这个词很形象。其实在估计流水之前，还要先估计流量：每天有多少个客人进门，大约成交率（提袋率）是多少，平均的客单价又是多少？有了这些数据，基本上就可以得出营业额的数字了。在这里，我们估算每个月的营业额为 10 万元。

互联网，也是遵循这样的逻辑，有 UV（Unique View）转化率、PV（Page View）转化率、订单转化率，还有付款转化率，就像一个漏斗，最下面的就是真正的营业额了。

第二步，现在可以估算净利润了吗？不行。我们会先估计买卖差价。比如店里卖 5 元的饮料，进货价是 3 元，差价就是 2 元。在财务术语里，我们管这个差价叫毛利润，用毛利润除以销售价格，就是毛利率。比如在这个例子里，2÷5 = 40%，毛利率是 40%。推而广之，我们会估算出这个店的平均毛利率，假设也是 40%。

有了第一步的营业额 10 万元和第二步的毛利率 40%，我们就可以推算出这个店一个月能挣 4 万元。也就是说，不考虑房租水电、员工工资，买卖的差价是 4 万元，

我们现在可以总结一下：第二步，估算毛利润。

第三步，估算便利店的运营费用。假设房租水电 1 万元，员工工资 1.5 万元，运营费用一共 2.5 万元。

第四步，估算便利店的净利润。毛利润减运营费用等于毛利润，即 4 万元 – 2.5 万元 = 1.5 万元。

可见，我们看一桩生意，首先看生意的规模，其次看赚钱的

空间——买卖差价（也就是毛利润（率），这也代表了生意的难易程度），再次看运营效率（即生产销售的组织效率），最后得出的才是净利润。

二、利润表背后的经营逻辑

上面的过程落实到报表上，便是这家便利店（记作"便利店A"）的利润表（见表6-1）。

表 6-1　便利店 A 的利润表　　（单位：万元）

项目	便利店 A
营业收入	10
营业成本	6
毛利润	4
运营费用	2.5
营业利润	1.5

利润表体现的不仅是一个加加减减的计算步骤，更是背后的经营逻辑。

我们可以思考一下，为什么利润表要分别计算毛利润和营业利润，而不是用收入减去所有的成本、费用而最终得到一个净利润？

假设还有两个便利店 B 和 C，与便利店 A 的经营规模差不多（见表6-2）。

表 6-2　便利店 B 和 C 的利润表　（单位：万元）

项目	便利店 B	便利店 C
营业收入	10	10
营业成本	6	5.5
毛利润	4	4.5
运营费用	2	2.5
营业利润	2	2

这两个店的利润都是 2 万元，比 A 店的利润多 5000 元。但是，利润改善背后的原因却大不相同。

B 店的毛利润和毛利率与 A 店相同，说明商品类型与定位比较相似，利润提升是由于运营费用的降低，比如租金更低，雇用更少的员工。C 店的运营费用与 A 店相同，利润提升是由于毛利润和毛利率更高。比如，C 店卖的都是毛利率高的商品，或者 C 店的货损率更低，这也会提升毛利率。

被毛利润分成两段的利润表，可以帮助我们有针对性地改善盈利能力。对于 C 店，毛利率是它的优势，提升空间不大，如果能提升运营效率，压缩运营费用，就可以获得超越同行的利润。对于 B 店，运营费用已经压缩得很低了，进一步压缩费用的空间有限，也许改善利润的空间会来自毛利率的提升。

但是，毛利率的提升不是简单地涨价。如果涨价就可以提升毛利率，这世界上就没有难做的生意了。涨价很有可能带来销售额的下滑，反而伤害到利润。提高毛利率涉及公司的产品战略——应该卖什么样的产品才能获得高毛利。

三、7-11 的高毛利模式

在北京市场，7-11 的单店营收平均为 24 000 元 / 天。北京本地发展较好的便利店品牌，单店日营收只有 11 000 ～ 12 000 元左右。

记者采访 7-11 中国董事长内田慎治时，有这样一段对话：

记者：你是如何看待华东市场的价格战的？

内田慎治：其实价格战是最不应该采取的策略，因为降低价格就是降低自己的毛利、收益，我们要做的是提高商品的品质。

记者：说到盈利，7-11 是如何做到这么高的单店日销售额的？

内田慎治：我认为这离不开我们的核心竞争力。7-11 的核心竞争力主要是特许加盟模式与商品研发能力。

这里我们只讨论商品研发能力，因为这和毛利率相关。

通常，我们认为超市的商品是同质化的，你有的别人也有，自然卖不贵。我们可能难以想象，一个便利店的核心竞争力竟然是商品研发能力。一般的超市都追求低价格、一般品质的商品，但是 7-11 追求的是高品质、高毛利的产品，而商品研发能力就是保证高品质和高毛利的利剑。

因为 7-11 的很多商品都是自主研发的，如一风堂拉面和中本蒙古拉面，所以在定价上就有很大的利润空间。要做到这一点，除了研发出独特的高品质商品外，还要控制商品的供应链。否则，新商品立刻被竞争对手仿制，从而压低价格，无法保持高毛利。在供应端对于工厂的选择上，7-11尽可能选择独家合作的工厂，就是说跟7-11合作了就不能再和其他品牌便利店合作。有了排他性，才能对工厂提供一些技术性的支持，把双方的利益绑定到同一条小船上。

四、毛利率相对于规模的敏感性分析

前面分析便利店 A、B、C 的时候，我们谈到了改善毛利率和提升运营效率的一些方法。其实还有一个维度我们没有涉及，那就是规模。规模在便利店的例子里尤其重要。

如果是连锁经营，销售规模大，采购量大，进货的成本就会变低，这也会提升毛利率。总部的管理成本，比如开发的供应链管理系统、总部的财务及人力资源管理，这些也都会随着开店数目的增加而摊薄。而这些都是固定成本，如果开店数目不够多，早期的经营很可能亏损。

不过，（商品）成本和（运营）费用对于销售规模的敏感性是不同的。对于一个经济实体（比如便利店）来说，成本总体来讲还属于变动成本，或者叫作边际成本。也就是说，每增加100元的销售额，就需要相应地采购更多的商品，成本不可能被无限摊薄。但是便利店的管理系统及职能部门费用，属于固定成本，可以随着开店数目的增加而被摊薄。

我们以美团为例，美团的网站、信息系统是公司的固定成本，随着业务规模的扩大，这些费用在销售收入中的比例可以持续降低，但是外卖送餐的服务（不包括餐食本身），规模越大，送餐越多，给送餐小哥的劳务费也就越多。这部分产生的毛利润的绝对值可以随着销售额的增加而放大，但是毛利率基本上是一个相对固定的比例。

有些行业，比如软件行业，其成本即便是直接成本也仍然属于固定成本，几乎"零"边际成本，每多卖一个拷贝，并不需要更多的原材料等变动成本，不论是成本还是费用对于销售规模的敏感性都很高。

互联网企业很多都是零边际成本，所以一旦投入大量的固定成本，最终可以靠用户与粉丝稀释成本。对于这样的公司，区分成本与费用已经没有什么意义，毛利率也不再是关键指标。

可以说，边际成本低的行业，可以采用互联网思维，低成本获客，靠销售额摊薄整体成本，但是边际成本很高的行业，就需要特别小心这种思维方式。

比如便利店经营，本质是货物买卖，所以货物成本这种边际成本始终存在，可以被摊薄的只有信息系统等固定成本。这种行业，不能照搬互联网行业的低价获客思维，奢望直接通过销售规模来摊薄成本。正确的做法是：靠毛利润绝对值的积累去对冲固定成本的增加。很多连锁便利店在扩张的时候，直接采用降价的方法，而这个方法直接损害的就是毛利润，所以固定成本永远无法充分对冲，扭亏为盈遥遥无期。这就是为什么内田慎治对记者说，最不应该采取的就是降价策略。

很多人认为店租是固定成本，相对于单店的销售额，店租或许可以被认为是固定成本。但是对于连锁经营整体来看，店租在这个模式下本质上是一种变动成本，随着扩张而增加。所以，随着店面数目的增加，店租并不能被摊薄。这就是为什么很多打着互联网旗号的零售业随着扩张反而亏损加剧的原因。

五、毛利率高的公司盈利一定好吗

根据部分知名公司 2019 年的年报数据，我制作了图 6-1 和

表 6-3。图 6-1 是示意图，展示了毛利率与费用率的相对关系；表 6-3
是图 6-1 的具体数据。

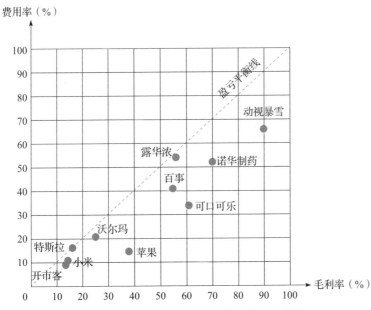

图 6-1　知名公司毛利率与费用率的相对关系

资料来源：东方财富 Choice 金融终端，经作者整理。

表 6-3　知名公司的毛利率与费用率（2019 年）　（%）

公司名称	毛利率	费用率
苹果	38.0	13.2
小米	13.9	10.2
沃尔玛	24.7	20.8
开市客	13.0	9.8
动视暴雪	89.9	65.1

（续）

公司名称	毛利率	费用率
诺华制药	70.4	51.7
可口可乐	60.8	33.7
百事	55.1	39.8
露华浓	56.5	54.4
特斯拉	16.6	16.2

注：以上为上市公司整体数据，费用率中的费用包括营销费用、行政管理
　　费用、研发费用，不包括财务费用和投资损益等。
资料来源：东方财富 Choice 金融终端。

在图 6-1 中，横坐标代表毛利率，纵坐标代表费用率，中间 45°角的斜线为盈亏平衡线（这是我起的名字）。在盈亏平衡线上的各点，毛利率等于费用率，公司基本上是盈亏平衡的；在盈亏平衡线右下方的区域，毛利率大于费用率，公司可以盈利；在盈亏平衡线左上方的区域，毛利率小于费用率，公司亏损。

公司需要有足够高的毛利率，同时又有足够大的规模来保证运营效率，才可以赚钱。

特斯拉和露华浓基本上处于盈亏平衡线上。其他公司都落在盈亏平衡线右下方的区域。看一家公司的盈利能力，不仅要看毛利率的高低，更要看毛利率与费用率的相对关系。

1. 沃尔玛与开市客

表 6-4 是对沃尔玛的毛利率及营销费用的分析。

表 6-4　沃尔玛的毛利率等财务指标　　　（%）

财务指标	2017 年	2018 年	2019 年
毛利率	25.4	25.1	24.7
营销费用率	21.3	20.8	20.8
营业利润率	4.1	4.3	3.9

资料来源：沃尔玛（WMT.N）年报。

表 6-5 是开市客的毛利率和综合毛利率等指标的分析。

表 6-5　开市客的毛利率等财务指标

（金额单位：亿美元）

财务指标	2017 年	2018 年	2019 年
商品毛利率	11.3%	11.0%	11.0%
会员费	28.5	31.4	33.5
综合毛利率	13.2%	13.0%	13.0%
营销费用率	10.0%	9.8%	9.8%
净利润	26.8	31.3	36.6

资料来源：开市客（COST.O）年报。

虽然沃尔玛的毛利率是开市客的两倍多，但是如果减去营销费用，沃尔玛 2019 年的营业利润率为 3.9%（见表 6-4）。而根据开市客的年报披露，2019 年其营业利润率为 3.2%，与沃尔玛所差甚微。在图 6-1 和表 6-3 中开市客的毛利率是表 6-5 中的综合毛利率，也就是加上会员费之后的毛利率。而在图 6-1、表 6-3 和表 6-4 中，沃尔玛的毛利率相当于表 6-5 中综合毛利率的口径。如果不加会员费，商品本身的毛利率更低，只有 11% 左右。

开市客的毛利率低，并不代表开市客盈利能力不强。在超市连锁行业，毛利率代表的是商品的价格水平，其高低取决于公司的目标客户定位。显然沃尔玛与开市客的目标定位并不一样。在开市客，如果上架毛利率高于 14% 的商品，需要经特殊批准，否则不允许上架。

我们从表 6-5 中可以看出，开市客的商品毛利率几乎和营销费用率持平。平进平出的背后，主要靠会员费来赚取利润。会员费几乎贡献了 100% 的净利润。也可以认为，开市客卖的不是商品，而是低价买商品的权利。所以，在开市客的盈利分析中，重点不是看毛利率是否提升，而是看会员费的增长率以及会员的续费率。

2. 苹果与小米

表 6-6 和表 6-7 选取了苹果和小米的部分财务指标。

表 6-6 苹果的毛利率等财务指标   （%）

财务指标	2017 年	2018 年	2019 年
毛利率	38.5	38.3	37.8
研发费用率	5.1	5.4	6.2
营销费用率	6.7	6.3	7.0

资料来源：苹果（AAPL.O）年报。

表 6-7 小米的毛利率等财务指标   （%）

财务指标	2017 年	2018 年	2019 年
毛利率	13.2	12.7	13.9
研发费用率	2.8	3.3	3.6
营销费用率	4.6	4.6	5.0
行政开支费用率	1.1	6.9	1.5

资料来源：小米（01810.HK）年报。

首先要说明一点，表 6-6 和表 6-7 的毛利率是整个上市公司的毛利率。根据苹果和小米在图 6-1 中的位置可以看出，苹果和小米都在盈亏平衡线的右下方，但是苹果在小米的右方，更加远离盈亏平衡线。所以目前来看，苹果的盈利能力要优于小米。

表 6-8 是对苹果的硬件和服务毛利率的分析。

表 6-8 苹果的硬件及服务的营业额占比与毛利率 （%）

项目	2017 年	2018 年	2019 年
硬件营业额占比	85.7	85.0	82.2
服务营业额占比	14.3	15.0	17.8
硬件毛利率	35.7	34.4	32.2
服务毛利率	55.0	60.8	63.7
整个集团毛利率	38.5	38.3	37.8

资料来源：苹果（AAPL.O）年报。

苹果的业务包括硬件（手机、电脑、PAD、可穿戴设备）和服务，虽然硬件依然构成苹果的主要业务，但是服务营业额占比在逐步加大，从 2017 年的 14.3% 增长到 2019 年的 17.8%。而硬件毛利率远低于服务毛利率，2019 年硬件毛利率和服务毛利率分别为 32.2% 和 63.7%。服务更像我们前面讲的零边际成本业务，随着营业额的扩大，毛利率会显著提升。服务毛利率从 2017 年的 55.0% 提升到 2019 年的 63.7%。

表 6-9 是对小米各分部业务的毛利率分析。

表 6-9 小米各项业务的营业额占比与毛利率 （%）

营业额占比	2018 年	2019 年
智能手机营业额占比	65.1	59.3
IoT 与生活消费产品营业额占比	25.1	30.2
互联网服务及其他业务营业额占比	9.8	10.5

（续）

营业额占比	2018 年	2019 年
智能手机毛利率	6.2	7.2
IoT 与生活消费产品毛利率	10.3	11.2
互联网服务及其他业务毛利率	64.4	64.7
整个集团毛利率	12.7	13.9

资料来源：小米（01810.HK）年报。

从表 6-9 可以看出小米与苹果的相似之处：智能手机的比例在逐步下降，IoT 与生活消费产品及互联网服务的占比在慢慢增大。同样，智能手机的毛利率远低于互联网服务及其他业务的毛利率。在小米的财务分析中，应该更加关注互联网服务及其他业务的发展及占比。从 2018 年和 2019 年的数据来看，互联网服务比例略微加大，但不足以摊薄固定成本，边际效益还不够明显，互联网部分的毛利率增长有限。

小米和苹果的不同之处在于，苹果的盈利依靠硬件和服务双轨并进。虽然服务的比例和毛利率都在增长，但是硬件依然贡献了苹果的大部分利润。在制造业，32% 的毛利率已经是非常可观了。

但是小米的业务更具有互联网思维的烙印。据说雷军非常喜欢开市客，小米的模式与开市客有些相似。开市客并不依靠商品的利润来赚钱，会员费才是利润的主要来源。因此，开市客的商品必须低价。而小米的智能手机毛利率只有 7.2%，后续日益扩大的 IoT 及互联网服务市场才是小米获取利润的领地。

就好像开市客不允许商品毛利过高，小米也在 2019 年年报里做出了如下声明。

我们的承诺：我们的使命是始终坚持做"感动人心、价格厚道"的好产品，让全球每个人都能享受科技带来的美好生活。为此，2018 年 5 月，经董事会批准，我们向所有现有和潜在的用户承诺：从报告期开始，每年小米整体硬件业务（包括智能手机、IoT 及生活消费产品）的综合净利率不会超过 5.0%。如有超出的部分，我们都将回馈给用户。报告期内，我们的硬件业务的综合净利率为正，且低于 1.0%，履行了我们的承诺。

根据前面的数据，你也就不会奇怪为何小米会做出这样的承诺。

3. 可口可乐与百事

可口可乐与百事，你更喜欢哪一家？这个问题可以理解为，你喜欢谁的产品？也可以理解为你更喜欢哪家公司的股票？可口可乐是巴菲特的重仓股。为什么巴菲特钟爱可口可乐呢？

表 6-10 是可口可乐和百事的财务指标对比。

表 6-10　可口可乐与百事的财务指标对比（2019 年）

（金额单位：亿美元）

财务指标	可口可乐	百事
销售额	372.7	671.6
营业利润	100.9	102.9
营业利润率	27.1%	15.3%

资料来源：东方财富 Choice 金融终端。

百事的销售额比可口可乐大了几乎一倍，但是两家公司营业利润几乎相同。事实上，当我们分析这两家公司的财务指标时，要注意到一个事实：可口可乐的销售额全部由饮料构成：碳酸饮料、运动饮料、茶和咖啡、果汁、水、能量饮料等，而百事的销售额的组成不仅包含饮料。百事拥有全美七大连锁快餐店中的三家：必胜客、塔克钟和肯德基。可以认为，百事的业务更加多元化。所以上面的财务指标对比，并不是可口可乐的饮料与百事的饮料之间的对比。公司对公司的比较，依然可以给我们一些启发。

在表 6-10 中，为什么销售额不同，而营业利润却几乎相同？表 6-11 与表 6-12 针对这个问题给出了答案。

表 6-11　可口可乐毛利率及费用率关系　　　　（%）

财务指标	2017 年	2018 年	2019 年
毛利率	62.6	63.0	60.8
营销及管理费用率	35.3	32.4	32.5
营业利润率	21.2	27.3	27.1

资料来源：东方财富 Choice 金融终端。

表 6-12　百事毛利率及费用率关系　　　　（%）

财务指标	2017 年	2018 年	2019 年
毛利率	54.7	54.6	55.1
营销及管理费用率	38.1	38.9	39.8
营业利润率	16.5	15.6	15.3

资料来源：东方财富 Choice 金融终端。

再次强调：看一家公司的盈利能力，不仅要看毛利率的高低，更要看毛利率与费用率的相互关系。

可口可乐这三年的平均毛利率都大于百事，而营销及管理费用率又都低于百事。

无论在可乐还是餐饮领域，百事都不是最佳。在可乐领域，其品牌力远不如可口可乐；在餐饮领域，与主要竞争对手麦当劳相比，其旗下 24 000 家餐厅构成的全球巨无霸的餐厅体系又处于弱势。

百事是一家不计成本追求增长的公司，它的 CEO 曾经说过，"我们决不放弃 15% 的长期增长目标的承诺"。多元化扩张有利于扩大企业规模，但是聚焦不够。如果主营业务的自然增长不能满足这个增长目标，那么就需要进行并购来达到目标。

这大约可以帮助我们理解为什么百事的营销及管理费用率要显著高于可口可乐。业务的多元化一定会产生更多的营销与管理费用。举个简单的例子，餐饮和饮料是完全不同的业务类型，其品牌战略、营销渠道必然不同。在百事，针对不同的业务必然存在多管齐下的管理系统，费用自然会更多。

4. 高研发费用公司

可口可乐和百事的费用，主要是营销费用及管理费用。而高科技公司的费用，则不仅是营销及管理费用，还有大比例的研发费用。研发费用既决定了公司的毛利水平，同时，其本身是否可以被销售规模摊薄也是需要特别关注的地方。

表 6-13 和表 6-14 展示了高科技制药公司的毛利率与各项费用率之间的关系。

表 6-13　诺华制药毛利率与各项费用率指标　　（%）

财务指标	2017 年	2018 年	2019 年
毛利率	65.7	65.4	70.4
研发费用率	17.9	17.1	19.3
营销与管理费用率	25.7	31.0	29.5
营业利润率	17.2	15.4	18.7

资料来源：东方财富 Choice 金融终端。

表 6-14　辉瑞制药毛利率与各项费用率指标　　（%）

财务指标	2017 年	2018 年	2019 年
毛利率	78.6	79.0	80.3
研发费用率	14.6	14.9	16.7
营销与管理费用率	28.1	26.9	27.7
营业利润率	25.9	26.1	41.1

资料来源：东方财富 Choice 金融终端。

　　毛利率只是影响最终盈利的因素之一，对于高科技公司而言，研发费用、营销费用、管理费用的使用效率也是决定公司盈利的因素。辉瑞制药的毛利率比诺华制药更高，而研发费用率和营销与管理费用率却更低，因此辉瑞制药的营业利润率更高。

● 本章小结 ●

1. 我们看一桩生意，首先看生意的规模，其次看赚钱的空间——毛利润（率），这代表了生意的难易程度，再次看运营效率（即生产销售的组织效率）。利润表的背后就是这个经营逻辑。

2. 被毛利润分成两段的利润表，可以帮助公司有针对性地改善盈利能力。根据利润表上的数据，公司可以有针对性地设计业绩改善的具体策略：提高毛利率或者降低营业费用率。

3. 7-11 的核心竞争力是研发能力。一般的超市都是追求低价格、一般品质的商品，但是 7-11 追求的是高品质、高毛利的商品，而研发能力就是保证高品质和高毛利的利剑。供应链管控能力可以保障自主研发商品的毛利率稳定性。

4. 对于一个经济实体来说，边际成本不可能被无限摊薄，但是固定成本（管理系统及职能部门费用）可以随着销售额的增加而被摊薄。

5. 边际成本低的行业（如互联网公司），可以用低成本获客，靠用户和粉丝摊薄整体成本，但是边际成本很高的行业，不可以套用互联网思维。

6. 公司需要有足够高的毛利率，同时又有足够大的规模来保证相对低的运营费用率，这样公司才可以盈利。

· 思 考 题 ·

你知道有哪些毛利率高而费用率低的公司？这些公司是如何做到的？

第七章

主要且经常的利润最可贵

请关注运营收益，少关注其他任何形式的暂时收益或者损失。

——巴菲特

一、利润的可持续性

同样是年收入 100 万元，甲的年收入构成是工资薪金 100 万元，乙的年收入构成是工资薪金 20 万元和彩票收入 80 万元。你觉得谁的收入含金量更高呢？结论是不言而喻的。我们更看重未来可持续的收入。

如果两家高科技公司 A 和 B，年收入都是 10 亿元，净利润都是 1 亿元，忽略我们前面讲的投资回报率的问题，单就利润表来看，哪个公司更好呢？仅仅依靠这些信息恐怕难以判断。如果告诉你，A 公司的 1 亿元利润都来自公司主要产品的销售，而 B 公司的 1 亿元利润中有 8000 万元是政府补助，你更愿意投资哪家公司呢？

我们买入一家公司的股票，实质上买的是公司的未来收益，而可持续的盈利是投资人更看重的。要达到这个目的，仅仅看账面上的净利润是不够的。我们还需要区分哪些利润是经常性的，哪些利润是偶然所得；哪些利润是主要业务贡献的，哪些利润是非主要业务贡献的。

会计学家做过一项研究，把美国公司按盈利的持续性水平分成 10 组，买入持续性最高的那组，做空持续性最低的那组，结果在 24 年间都赚到了钱，收益率大于 10%。

巴菲特关注的运营利润，就是主要且经常的利润。

可是，我们如何才能确定什么样的利润是可持续增长的利润呢？

我们以一家餐厅为例，借助下面的模型（见图 7-1）来进行盈利分析。

我们把餐厅的利润分成四个象限，横轴上的维度是主要与次要，纵轴上的维度是经常与非经常。

主要且经常利润：餐厅的主营业务可持续贡献的利润。

次要且经常利润：出租柜台产生的利润，虽然是经常性的，但不是公司的主要利润贡献。

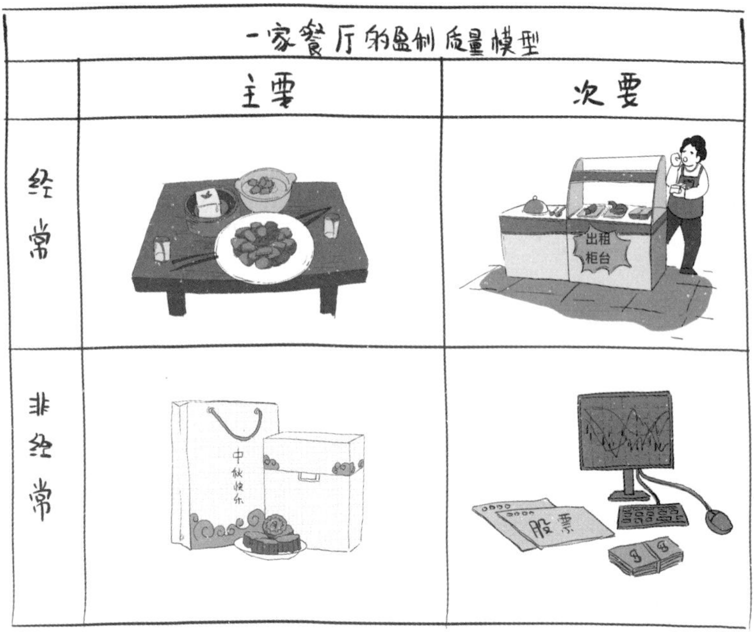

图 7-1　一家餐厅的盈利质量模型

主要且非经常利润：卖月饼的利润，每年卖月饼也为餐厅创造利润，但是一年只能卖一次。

次要且非经常利润：公司的闲散资金拿去投资，赚了些钱，但这些钱不是每年都可以赚到。

在这个模型里，投资人或者公司的管理者要关注左上部分：主要且经常的利润。因为只有主要且经常的利润才能保证利润的可持续性。比如，你想投资海底捞，如果你发现它的餐厅不赚钱，主要靠出租店面挣钱，你会怎么想？当然，如果这是海底捞的主要业务模式，那就另当别论了。

二、现实世界的利润表

模型很美好，现实很骨感。我们看到，企业在所披露的财报上并没有明确地告诉我们，哪一块利润是主要且经常利润。有没有什么好办法可以帮助我们甄别出主要且经常利润，或者让我们对次要且非经常的利润保持警惕呢？

让我们一起来探秘现实世界的利润表吧！表 7-1 是图 7-1 中那家餐厅的利润表，我们如何区分经常与非经常利润？如何区分主要与非主要利润？

表 7-1　餐厅的利润表 （单位：元）

编号	项目	金额
1	营业收入	10 000 000
2	营业成本	6 000 000
3	税金及附加	80 000
4	销售费用	1 600 000
5	管理费用	700 000
6	研发费用	1 000 000
7	财务费用	800 000
8	加：其他收益	600 000
9	投资收益（损失以"－"号填列）	300 000
10	汇兑收益（损失以"－"号填列）	0
11	公允价值变动收益（损失以"－"号填列）	50 000
12	信用减值损失（损失以"－"号填列）	－5 000
13	资产减值损失（损失以"－"号填列）	－80 000
14	资产处置收益（损失以"－"号填列）	100 000
15	营业利润	785 000
16	加：营业外收入	500 000

（续）

编号	项目	金额
17	减：营业外支出	10 000
18	利润总额	1 275 000
19	减：所得税费用	160 000
20	净利润（净亏损以"-"号填列）	1 115 000

我们先从表中的第 1 项"营业收入"看起。这一项记录的是公司的收入。如果可以看到报表的明细科目设置，我们就可以知道，营业收入分为主营业务收入和其他业务收入。

虽然卖月饼是非经常收入，但是属于主要收入，所以和餐厅的收入一起计入主营业务收入。但是出租柜台的 50 万元收入是非主要收入，就计入其他业务收入，对应的其他业务成本为 10 万元，主要是出租柜台部分分摊的房租。餐厅出售包装物也属于其他业务收入。另外，这个餐厅投资了一个学区房，今年把学区房卖了，收入 200 万元，当年买房的成本为 100 万元。

表 7-2 是餐厅营业收入与营业成本的明细数据。

表 7-2 餐厅的主营业务与非主营业务数据

（单位：元）

	主营	非主营	总计
营业收入	7 500 000	2 500 000	10 000 000
营业成本	4 900 000	1 100 000	6 000 000
毛利润	2 600 000	1 400 000	4 000 000

经过调整，我们发现，在 400 万元的毛利润中，有 140 万元

是由非主营业务贡献的，而主营业务只贡献了 260 万元。

后面的销售费用、管理费用、研发费用，我们基本上就可以认为是支撑主营业务的，因为在技术上也无法再进行细分。更何况，如果我们只是财务报表的阅读者而非内部管理者，我们也无从知道这些细节。

财务费用我们后面再来细谈。

财务费用之后，还有其他收益、投资收益、汇兑收益、公允价值变动收益、信用减值损失、资产减值损失和资产处置收益，这些都是什么呢？是不是主要的业务收益？

三、两种政府补助

我们先来看政府补助。对于国家重点扶持的某些行业，比如环保行业、高科技行业，国家会给予大量的补助。政府补助并不是公司主要业务的利润，而且并不能保证每年都有，即便每年都有，金额也无法保证。所以，政府补助属于次要且非经常收益。

也许在某些行业，政府补助确实是每年都会达到一定金额，那么在这种情况下，是不是就可以认为它属于主要且经常性的收益呢？我认为还是不可以。比如电动汽车行业，国家给了很多年的补助，但是这几年的补助也慢慢在减少。而且，如果把补助当成正常收入的一部分，就会认为主业不盈利很正常，从而依赖政府补助，慢慢丧失竞争能力。再退一万步说，如果真的要投资这样的行业，整个财报分析的逻辑也就完全不同了。

政府补助在报表的什么位置呢？有两个地方。一个是营业外收入，还有一个是其他收益。这个餐饮公司一共获得两种政府补助：

（1）研发低脂无糖食品收到的政府补助，共60万元；

（2）发生疫情导致停业收到的政府补助，共50万元。

这两种补助的本质有所不同，第一种60万元是和公司日常经营相关的政府补助，计入其他收益；第二种50万元是和公司日常经营无关的政府补助，计入营业外收入。

2019年科大讯飞收到的政府补助也包括这两种：与日常经营相关的政府补助，计入其他收益，6.6亿元；与日常经营无关的政府补助，计入营业外收入，6153万元。

四、投资收益：变现还是没变现

还有一个影响比较大又不属于主要且经常的利润：投资相关的收益。

餐饮公司一共有下面几个和投资相关的事项：

（1）前面提到的卖学区房，学区房属于公司的投资性房地产；

（2）出售持有的其他公司股票，赚取了30万元的净收益；

（3）持有的基金投资，年内买入，买入成本为45万元，结账日的市值为50万元，账面增值5万元。

在这三个事项中，第一项出售学区房，计入了营业收入中的

"其他业务收入"；第二项出售股票已经变现的收益计入投资收益；第三项未变现的投资收益，仅仅是账面利润，则计入公允价值变动收益。

上面这三项，也有可能发生亏损，亏损与盈利都计入相同的科目，只不过符号相反。

这三项虽然计入的科目不同，但是从盈利分析角度来看，都属于非主要业务，且不能保证每年都发生。我们在做盈利分析时应该把这些项目剔除掉，才可以看出公司主业的盈利能力。

有些公司的投资收益超过了主业的利润，有些公司的主业甚至是亏损的，全靠投资收益来装点门面。

如果投资人买入这家公司，目的并不是看好主营业务，而是看上了公司的投资性资产，则另当别论。我记得有这么一件真事。某家公司买了一家饭店，其实并不是看中了这家饭店的业务，而是看中了饭店大堂悬挂的一幅画，是某位大师的一幅真迹。饭店的老板并不知道，所以成交价并没有反映这幅画的价值。如果搞投资的人练就了这样的火眼金睛就可以捡漏了。

做投资，逻辑要清晰。我们要知道到底看重投资项目的什么收益。不要出现看重的是对方的主营业务，却没有看清楚主营业务的盈利能力而发生误判的情况。

五、资产处置相关的损益

餐饮公司还有下列事项：

（1）出售自用的仓库，买入价 50 万元，卖出价 60 万元；

（2）后厨排风设备由于保养不当报废，发生 1 万元损失；

（3）库房储存的腊肉，成本为 8 万元，全部变质，进行销毁处理；

（4）某公司挂账消费，挂账金额 5000 元，全部变成坏账。

这四个事项都是和资产相关，但是这些资产都是在经营过程中产生的资产，并不是投资性资产。存货和应收账款，属于流动资产，而自用的仓库和后厨的排风设备，属于非流动资产。

在这四个事项中，第一项出售仓库，因为是自用的仓库，不是投资性资产，所以不属于与投资相关的行为，不计入投资收益，而是计入资产处置收益。

第二项，后厨排风设备报废，虽然后厨排风设备属于固定资产，但并不是出售（如果是出售自用资产，就和出售仓库的性质相同了），计入营业外支出。如果报废产生了收益，则计入营业外收入。比如设备已经折旧完了，账上仅剩残值，报废之后卖一些旧零件，可能还超过了残值的金额。

第三项库房腊肉变质销毁，损失 8 万元，计入资产减值损失中的存货跌价损失。

第四项挂账的 5000 元变成坏账，计入信用减值损失。

第二、三、四项和日常经营是相关的，所以在分析盈利能力的时候，包含在主要且经常的收益中，不需要剔除。

而第一项，虽然不是投资收益，但是自有资产的出售对于公司盈利的影响还是很大的。索尼公司曾经以 11 亿美元的价格出售其在美国的总部大楼。这部分收益对于利润表总体利润的影响是巨大的。如果分析索尼的主营业务盈利状况，必然要剔除掉这部分出售资产的收益。

把这些非主要也非经常的收入、成本和费用剔除后，我们可以分析出这家餐厅的主营业务是否盈利以及盈利状况如何（见表 7-3）。

表 7-3　经过调整的利润表　　　（单位：元）

项目	金额
营业收入	7 500 000
营业成本	4 900 000
税金及附加	80 000
销售费用	1 600 000
管理费用	700 000
研发费用	1 000 000
加：信用减值损失（损失以"-"号填列）	-5 000
资产减值损失（损失以"-"号填列）	-80 000
营业利润	-865 000

如果没有卖房的收益、政府补贴和投资收益，这家公司的主业是亏损的，从盈利 111.5 万元变成亏损 86.5 万元。

最后总结一下，利润表是主要与非主要、经常与非经常事项的复合载体。为了看清一家公司主业的真实盈利状况，我们需要擦亮双眼，找出利润表上那些混淆视听的项目。即便报表是完全真实的，我们依然需要分析报表做出自己的独立判断。

· 本章小结 ·

1. 主要且经常利润是未来可持续的利润。投资人更看重这种利润。

2. 根据盈利质量模型，公司的利润可分为：主要且经常利润，主要且非经常利润，次要且经常利润，次要且非经常利润。

3. 分析公司的主要且经常利润，需要剔除：

   （1）其他收益和营业外收入中的政府补助；

   （2）与投资相关的损益，如投资收益、公允价值变动收益、其他业务收入中的出售投资性房地产收益；

   （3）资产处置收益中因处置公司资产产生的收益。

4. 投资逻辑要清晰。我们要知道到底看重投资项目的什么收益。不要出现看重的是对方的主营业务，却没有看清楚主营业务的盈利能力而发生误判的情况。

· 思 考 题 ·

你知道上市公司中有哪些公司是依赖政府补助才盈利的？有哪些公司是因为出售资产而扭亏为盈的？

第八章

薄利多销的是与非

定价即经营，一定要强调定价的重要性。定价不仅是为了好卖或为了容易获得订单，而是决定企业生死的关键。……定价是一项极为重要的工作，最终应该由经营者做出判断。

——稻盛和夫

一、增加收入还是降低成本

对于一个盈利不佳的企业，如果希望提升利润，通常会怎么做？

我想大多数企业家想到的应该是提升销售额，具体的手段是：制定激进的销售目标，设计大力度的激励政策，鼓励销售人员更多地销售。事实上，提高销售额真的是最佳策略吗？

假设一个超市的销售额是 100 万元，成本是 80 万元，每年可以产生 20 万元的利润。我们可以测算一下，如果收入提高 10 万元，或者成本降低 10 万元，到底哪个方案对提升利润的贡献更大呢？

表 8-1 展示了收入增加与成本减少对利润的影响。

表 8-1　增加收入与降低成本的敏感性分析

（单位：万元）

项目	基准	增加收入 10 万元	降低成本 10 万元
收入	100	110	100
成本	80	88	70
利润	20	22	30

从表 8-1 中可以看出，增加收入 10 万元，利润增加了 10%，从 20 万元提升到 22 万元。但是降低成本节约的 10 万元，直接转化成了增加的 10 万元利润，相当于使利润增加了 50%。

为什么会产生这样的结果呢？

当我们获取更多的收入时，需要投入更多的资源。投入的资源可分为两部分，一部分是与收入相对应的成本，另一部分是为了提高销售额而增加的销售及管理费用。

比如，超市为了增加 10 万元销售额，必然要多卖商品，从而产生更多的销售成本。而为了提升销售额，超市可能会在其他媒体上做广告，或者多雇用一些促销员，制作一些促销的宣传资料等，这些都会增加公司的费用。也就是说，增加的 10 万元销售额，是按照一定的转化率来贡献利润的，而不是全额贡献给利润。

但是降低的成本却可以百分之百转化为利润。比如超市通过降低营业人员的数量、降低促销费用节省了 10 万元，这 10 万元全部转化为公司的利润。

二、固定成本与变动成本

上面的案例中，在销售额增长的情况下，总成本（包括商品成本与各项运营费用）一直占销售额 80% 的比例。你可能会想，销售额增加 10 万元，总成本未必增加 8 万元，因为增加的 10 万元销售额只引起了相应的商品成本的增加。假设这个超市并没有扩大营业面积，也没有新增雇员，运营费用并不会等比增加。

用数学语言来描述这种现象，那就是总成本与总收入并不是精准的线性关系。对这一点的研究很重要，可以帮助我们理解销售量、成本、利润之间的相互关系，以及确定我们应该如何增加公司的盈利。

事实上，我们可以把成本与销售量的关系写成一个函数：

总成本（y）＝固定成本（a）＋变动成本率（b）× 销售量（x）

图 8-1 展示了总成本与销售量之间的线性关系。

1. 固定成本

a 代表固定成本，图 8-1 中那条横直的虚线就是固定成本。

不论销售量如何变化，固定成本都保持不变。

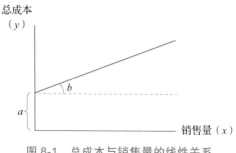

图 8-1　总成本与销售量的线性关系

在小超市的例子里，超市的租金、固定人员的工资、货架等固定资产的折旧费等，就是固定成本。即使没有销售量，这些成本也会发生。

也许你会产生疑问，租金和人员工资也会有变化，因为房租会上涨，人员工资会上涨，怎么会是固定成本呢？在这里，大家容易有一个误解，认为固定成本就是不变的成本。其实固定成本并不是固定不变的成本，之所以称为固定成本，是因为与销售量没有相关性，或者说与销售量没有函数关系。租金虽然会上涨，但不是因为销售量的增加，而是因为周边商业环境变好、地段升值造成的，所以租金是固定成本。

在大多数商业场景里，租金都是固定成本，但是在现代商业中，有时租金也可能是变动成本。比如在一些新建的商业区，由于人流量不够多，对于一些成熟的大品牌没有吸引力，为了吸引这些大品牌，很多商业物业的业主给出了按销售量抽成的租金方案。如果客户量少，销售额比较低，商家的租金也会比较低。在这种情况下，租金就变成了变动成本。

2. 变动成本

变动成本是一条向上倾斜的线，销售量越大，变动成本就越高。图 8-1 中的斜线实际上是固定成本与变动成本的结合。如果没有销售额，成本也不会是 0，而是 a；随着销售额的提高，成本从 a 开始上升，而不是从 0 开始上升。

纯粹的变动成本是从 0 开始的，没有销售量就没有任何变动成本。比如超市的货物成本，没有销售额就没有货物成本，即便进了货也是在存货项下。销售人员的佣金也是变动成本，只有卖货产生业绩才能拿佣金。

而 b 则代表这条斜线的斜率，就是变动成本占收入比例。这个比例越小，斜线就越平，越接近固定成本，说明成本相对于销售量的敏感性不高。比如软件公司的成本基本上都是固定成本（研发费用），销售额的增加并不会带来成本的显著增加。酒店行业也是如此，入住率的提升可以大幅增加收入，但是酒店的大部分成本，如房租、服务人员工资、固定资产折旧都是固定成本，不会随着入住率的提升而显著提升，因而销售额增长会带来利润的快速增长。而斜率越大，则说明变动成本占收入的比例越高，收入的大幅增加必然会带来成本的大幅增加。比如我们前面提到的开市客，毛利率只有 11%，也就是说销售收入的 89% 是商品的成本，这样的生意模式显然不同于软件公司。

三、增加收入策略适合什么样的公司

在前面关于增加收入还是降低成本的分析中，我们注意到收入的增加只能带来一定比例的利润增加，所以不如降低成本对利润的贡献更大。

但是在进一步的探讨中，我们发现收入转化为利润的比例与成本的结构有关。我们可以通过图 8-2 来研究成本结构如何影响增加收入策略的实施效果。

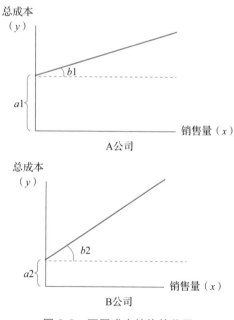

图 8-2　不同成本结构的公司

这是两个不同类型的公司：$a1>a2$，$b1<b2$，意味着什么呢？

A 公司的固定成本高，变动成本率低；B 公司的固定成本低，变动成本率高。如果同样是销售量增加 10%，哪个公司的利润增加得更快呢？

表 8-2 和表 8-3 向我们展示了 A 公司和 B 公司的增加收入策略的实施成果。

表 8-2　A 公司增加收入策略对利润的影响

（单位：万元）

项目	基准	增加收入 10 万元	增加收入 20 万元
收入	100	110	120
变动成本	30	33	36
固定成本	50	50	50
利润	20	27	34

表 8-3　B 公司增加收入策略对利润的影响

（单位：万元）

项目	基准	增加收入 10 万元	增加收入 20 万元
收入	100	110	120
变动成本	60	66	72
固定成本	20	20	20
利润	20	24	28

A 公司的增加收入策略比较成功。原因就是 A 公司的变动成本率只有 30%，而 B 公司的变动成本率为 60%，表现在图上就是 A 公司的变动成本斜率低，B 公司的变动成本斜率高。A 公司的收入利润转化率 = 1 – 30% = 70%，每增加 10 万元的销售收入，可以增加 7 万元的利润。而 B 公司的收入利润转化率 =

1－60%＝40%，所以每增加 10 万元的销售收入，只能增加 4 万元的利润。

我们可以总结为，那些变动成本率比较低的公司更适合采用增加收入策略。极端的例子就是 0 变动成本公司，比如互联网公司、游戏公司，固定成本比较大，每增加 100 元的收入几乎不会增加固定成本，增加收入几乎就是利润。传统的公司中也有这种类型的，比如电信运营商，其基站等基础设施的折旧构成高固定成本，但是变动成本极小，比如用户新开通一个 100 元的话费套餐，变动成本可以忽略不计，用户数量的增加是电信公司非常关键的指标。

有些打着互联网旗号的公司，不仅有高固定成本，还有高变动成本，在这种情况下，不计成本地进行扩张往往会带来巨大风险。比如瑞幸咖啡、盒马鲜生，前者是互联网咖啡店，后者是新零售业态。但是因为可交付物依然是实物，变动成本率很高，所以增加的销售收入并不像典型的互联网公司那样可以高比例地转化为利润；另外线上线下均可下单购买，这就要求哪怕只有一家店也要构建完整的线上线下系统。这样的业务模式，不仅在前期要投入巨大的固定成本，在运营中也会产生很大的变动成本。如果希望盈利，还要精心打磨盈利模式，而不是简单复制互联网拉人头的模式。

再回到我们最初提出的问题——增加收入还是降低成本，即便对于 A 公司这样通过增加收入的策略成功的公司来说，增加收入与降低成本也不是互斥的选项。

现在我们来总结一下降低成本策略：

首先，不论降低的是固定成本还是变动成本，都可以百分之百转化为利润。

其次，降低变动成本，即降低变动成本率，还可以提升增加收入策略的利润转化率。

四、薄利多销的误区

我们前面对比了增加收入和降低成本对利润的不同影响。理想状态下，在不降价的前提下采取增加收入策略，虽然没有降低成本对利润的贡献大，但是至少不会使得利润还不如未采取增加收入策略之前。在现实生活中，大多数增加收入的策略往往伴随着降价，即所谓的薄利多销。有很多公司因为采取薄利多销的策略而赚钱，但也有相当多的公司因此走上不归路。

我们来探讨一下薄利多销失败的原因是什么。

（1）产品本身没有价格弹性。

这属于经济学范畴，我们就不多说了。比如食盐，即便降价，也不会产生更多的需求；反之，即便涨价，该吃还得吃。这样的产品适合涨价，而不是薄利多销。

（2）产能相对有限。

有些行业的产能相对有限，薄利最终要实现多销，才可以赚钱。如果产能有限，即便降价产生了新增的需求，但无法满足，白白牺牲了利润。比如咨询行业，咨询师的数量有限，即便降价也不能无限供给，无法通过薄利多销获利。

我想着重探讨的是后面的两种原因。

（3）产品的边际贡献率低。

这里先简单说一下，边际贡献等于收入减变动成本。某公司代理某种产品，产品的进货价为 80 元，销售价格为 100 元，不考虑固定成本，市场部提出，打 9 折销售，预估销售量可以提升50%，是否可行呢？

打 9 折销售，就是价格降为 90 元，相对于 100 元的价格来说，降价比例似乎并不大，而 50% 的销售量增长听起来也非常客观，但是这样做真的会提升利润吗？具体的分析见图 8-3。

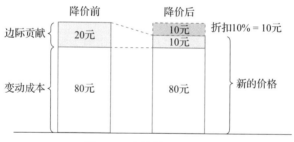

图 8-3　降价销售的影响

打 9 折的价格，等于把原来的边际贡献 20 元砍掉一半，只有销售量增加 100% 时，才可以和原来的利润持平。可见，50%的销售量增长，并不能弥补降价带来的利润损失。

（4）成本管理能力差。

在很多公司，降价是一种懒政的行为，不去仔细分析市场，也不愿意研究竞品，降价是最简单粗暴的策略。而真正成功的薄利多销并不是简单的降价，对外需要精准的市场定位，对内需要极严格的成本管理能力。

成功的薄利多销还有一个前提条件，那就是增加销售量，累积更多的边际贡献，而固定成本则相对不变，这样才可以产生超额利润。

还以刚才的 A 公司和 B 公司为例，都实施 9 折销售，销售量提升到 120 个。

具体的利润变化见表 8-4 和表 8-5。

表 8-4 A 公司固定成本对利润的影响

(单位：万元)

项目	基准（100 个）	9 折（120 个）
收入	100	108
变动成本	30	36
边际贡献	70	72
固定成本	50	55
利润	20	17

表 8-5 B 公司固定成本对利润的影响

(单位：万元)

项目	基准（100 个）	9 折（120 个）
收入	100	108
变动成本	60	72
边际贡献	40	36
固定成本	20	22
利润	20	14

考虑到上面提到的第三点，即边际贡献率的问题，B 公司在销售量增加到 120 个之后，边际贡献反而从 40 万元下降到 36 万元，就是因为降价对边际贡献的伤害远高于销售量对于边际贡献的弥补。而 A 公司貌似没有这个问题，边际贡献从 70 万元上升到 72 万元。

从净利润来看，两个公司的业绩都下降了，原因就是固定成本增加了。当一个公司的销售规模变大时，必然要消耗更多的管理资源，销售部门可能会提出增加销售人员编制，人力资源部门增加招聘与培训费用，公司要换大的办公室来安置新增的员工……

薄利多销即使可以带来更多的边际贡献（如 A 公司），但如果不能很好地控制固定成本，公司还是会陷入薄利多销的泥沼。

· 本章小结 ·

1. 增加的销售额，是按照一定的转化率来贡献利润的，而不是全额贡献给利润；而成本的降低却是百分之百转化为利润。

2. 总成本与销售量的函数关系：

总成本 (y) = 固定成本 (a) + 变动成本率 (b) × 销售量 (x)

3. 固定成本：与销售量没有函数关系的成本。变动成本：与销售量成正比的成本，也称为边际成本。

4. 那些变动成本率比较低的公司更适合增加收入策略。极端的例子就是 0 变动成本公司，比如互联网公司、游戏公司。

5. 降低成本策略：不论降低固定成本还是变动成本，都可以百分之百转化为利润。降低变动成本，即降低变动成本率，还可以提升增加收入策略的利润转化率。

6. 薄利多销失败的原因：

（1）产品的价格弹性小；

（2）产能相对有限；

（3）产品边际贡献率低；

（4）成本管理能力差。

• 思 考 题 •

薄利多销除了对利润有影响，对资金有什么影响？

第九章

产品成本是会计"做"出来的

> 削减成本的真正有效的方法就是要把工作流程中的某个活动彻底删去。只试图去削减成本是很难有显著成效的。
>
> ——彼得·德鲁克

一、水煮鱼与酸菜鱼

有一家饭馆，只做两道菜：水煮鱼与酸菜鱼。

一个月下来，老板想知道到底哪道菜更赚钱。于是，会计给老板做了下面这张报表（见表9-1）。

表 9-1　酸菜鱼与水煮鱼的毛利润

（金额单位：元）

项目	酸菜鱼	水煮鱼
单价	90	100
份数	300	150
营业额	27 000	15 000
鱼的成本	7 500	3 750
毛利润	19 500	11 250
毛利率	72%	75%

　　酸菜鱼 90 元一份，一个月卖了 300 份。水煮鱼 100 元一份，一个月卖了 150 份。鱼都是统一配送的，品种与价格都是统一

的，每份菜中鱼的成本是 25 元。这样算下来，水煮鱼毛利率更高，更赚钱。

不过，这种算法只计算了直接成本，而没有算间接成本。直接成本和间接成本的区别是，是否可以追溯到产品。每一份菜必定要用一份鱼，根据出售的份数，就可以算出两道菜对应的鱼的成本。因此，鱼属于直接成本。

老板问，如果把间接成本算上，水煮鱼还是最赚钱的菜吗？

于是，会计又把报表重新做了一遍（见表 9-2）。

表 9-2　酸菜鱼与水煮鱼的营业利润

（金额单位：元）

项目	酸菜鱼	水煮鱼
单价	90	100
份数	300	150
营业额	27 000	15 000
鱼的成本	7 500	3 750
毛利润	19 500	11 250
毛利率	72%	75%
辅料成本	2 500	1 250
人工工资	8 000	4 000
水电气费用	400	200
折旧费	3 000	1 500
营业利润	5 600	4 300
营业利润率	21%	29%

这家饭馆有哪些间接成本呢？做菜用的辅料的成本。一项成本是否可以追溯到产品，是判断它是否为直接成本的依据。

通常来讲，厨师在做菜的时候，如果领来的辅料不是根据每份菜来领的，这种辅料就属于间接成本。这个问题后面还要进行分析。

人工工资、水电气的费用和饭馆设备的折旧费，这些更无法追溯到产品，也属于间接成本。从两道菜的这些间接成本之间的比例关系可以看出，财务人员是按照两道菜的销售量进行分摊的：酸菜鱼 300 份，水煮鱼 150 份，这些间接费用按照 2∶1 的比例分摊进这两道菜。

在考虑了间接费用之后，酸菜鱼的利润率为 21%，水煮鱼的利润率为 29%，依然是水煮鱼比酸菜鱼更赚钱。

二、对间接成本的进一步探讨

在成本的核算中，直接成本是相对准确的，不容易出错。不过，在一些管理混乱的工厂里，直接成本的核算也不准确。比如为 A 产品领来的料，A 产品生产完了，应该退回物料仓库，但是工人怕麻烦，就留着这些没用完的原材料给 B 产品用了。等到核算成本的时候，发现 A 产品的成本超过预算，但是 B 产品却节省了成本。这样的成本数据，不仅不能为决策提供依据，还会误导决策者。

而间接成本的分摊具有很大的主观性。比如这个饭馆的间接成本是按照两道菜销售的份数来分摊的，可能别的饭馆会按照销售的金额来分摊，或者按照厨师在这两道菜中耗费的时间来分摊。不同的分摊方法，就会计算出不同的成本。到底哪个对呢？有没有最优的成本分摊方法呢？

我想，这世界上并不存在百分之百客观准确的成本，所有的成本计算都是会计人员在一定的假设条件下进行的。看到这一点，你是不是很沮丧？当你认真地看成本报表时，却不知道这只是在某种假设下计算出的结果。即便你知道这一点，你可能也不知道这个假设到底是什么。

别急，虽然我们无法准确计算真正的成本，但还是有一些方法可以帮助我们无限趋近这一目标。

回到饭馆的案例，我们思考一下，所有这些间接成本真的不可追溯到产品吗？

老板向会计要了辅料的明细账（见表9-3）。老板发现有两种辅料的金额比较大，酸菜和辣椒一共2100元，占了调料成本的一多半。老板也是厨师出身，他想，酸菜是酸菜鱼的辅料，而辣椒则是水煮鱼专用的一种特殊辣椒。

表9-3　辅料明细表 （单位：元）

酸菜	600
辣椒	1 500
油	1 050
其他调料	600
调料总计	3 750

老板问会计，酸菜和辣椒能不能算作直接成本呢？

会计准则并没有规定，什么是直接成本，什么是间接成本。

这些是由企业自己来判断的，目的就是为了能够更准确地计算成本。酸菜和辣椒作为间接成本的最大问题是，这两种辅料的成本将会按照一定的规则（本案例中是 2∶1 的比例关系）计入两道菜的成本，而这个规则也许并不符合实际情况：水煮鱼的辅料成本更高。

至此，我们给出的建议是：不要拘泥于形式，而要看本质。如果辅料是可追溯的，就应该按照直接成本来核算。能够按直接成本核算的，就不要作为间接成本，间接成本只包括实在无法追溯到产品的成本。

即便是间接成本，虽然无法直接追溯到产品，但是根据生产的流程或工序，也可以进行分摊的细化。

比如辅料中的食用油，水煮鱼用油多，用量是酸菜鱼的 5 倍，所以油的费用可以重新分摊，按照 150 × 5 和 300 × 1 的比例来分摊。

如果把酸菜和辣椒作为直接成本来核算，食用油按照刚才的比例进行核算，最终的结果会是什么呢？分析结果见表 9-4。

表 9-4　酸菜鱼与水煮鱼的最新分析

（金额单位：元）

	酸菜鱼	水煮鱼
单价	90	100
份数	300	150
营业额	27 000	15 000
鱼的成本	7 500	3 750
毛利润	19 500	11 250

（续）

	酸菜鱼	水煮鱼
毛利率	72%	75%
辣椒酸菜	600	1 500
油	300	750
其他调料	400	200
人工工资	8 000	4 000
水电气	400	200
折旧费	3 000	1 500
营业利润	6 800	3 100
营业利润率	25%	21%

天啊，情况出现了反转。原来被认为更赚钱的水煮鱼的利润率只有21%，而酸菜鱼的利润率却是25%。不同的成本核算方式得出了不同的结果。错误的成本核算会导致错误的决策，比如错误的定价。

三、作业成本法的提出

食用油的例子不是个案。比如饭馆的人工工资，会不会因为工序的不同，而导致在两道菜中的分摊比例有所变化？折旧费和水电费也会出现这样的情况。

> 驱动成本的根本原因，是因为背后发生了某项活动。所以成本分配的基础不是产量，而是背后涉及哪些活动。
>
> ——罗伯特·卡普兰

按照"作业"进行成本分摊的方法被称为"作业成本法"，对应的英文是"Activity Based Costing"，简称 ABC，是由美国的管理会计教授罗伯特·卡普兰最早提出的理论。

当年卡普兰教授提出这个理论的时候，他举了一个红蓝铅笔的例子，一个工厂生产红铅笔和蓝铅笔，生产完红铅笔之后可以直接生产蓝铅笔，不用清洗机器，因为蓝铅笔颜色比较深，可以盖住红色；而生产完蓝铅笔再生产红铅笔，就需要整备工人清洗机器，把深色洗掉后才能再生产红铅笔。所以，卡普兰认为红铅笔应该分摊更多的间接成本，如整备工人的工资，而不是按照传统的方式把间接成本在蓝铅笔和红铅笔之间按照产量进行简单分配。

作业成本法的指导思想是"成本对象消耗作业，作业消耗资源"。作业成本法把直接成本和间接成本作为产品消耗作业的成本同等对待，拓宽了成本的计算范围，使计算出来的产品成本更准确。

大多数公司的成本管理能力不强，常见的问题是间接成本里面的东西太多太杂，难于管理。在卡普兰教授提出这个理论之前，传统企业都是把间接成本打一个包，然后根据某个单一成本动因进行分配。比如在饭馆的例子中，辣椒、酸菜这些本来可以计入直接成本的，却计入了间接成本。而间接成本分摊采取的是最传统也最简单的方法——按照单一的成本动因（如销售量）进行分摊。而最终食用油的分摊，就是按照作业成本法的思路，考虑了制作工序对于资源的消耗水平。

四、作业成本法在企业中的应用

1. 准确定价

有人说，怎么分摊成本重要吗？哪个菜多分摊，哪个菜少分摊，不就是一个算法吗？大家要知道，成本决定价格。如果成本是扭曲的，那么价格也是扭曲的。如果按照单一成本动因——出售份数——进行分摊，酸菜鱼就分摊了更多的辅料成本，从而导致成本被高估，而水煮鱼的成本则被低估。这进而导致这两道菜的定价也出现扭曲：酸菜鱼定价偏高，而水煮鱼定价偏低。来就餐的客人只愿意点水煮鱼而不愿意点酸菜鱼，于是虽然卖了很多份水煮鱼，但公司并没有赚到预期的利润。

2. 降低成本

找到真正的成本动因，能够帮助我们降低成本。还记得本章开头，彼得·德鲁克关于成本的名言："削减成本的真正有效的方法就是要把工作流程中的某个活动彻底删去。只试图去削减成本是很难有显著成效的。"

结合卡普兰的作业成本法，我们就能理解德鲁克为什么这么说了。针对酸菜鱼与水煮鱼，我们可以把降低成本的重点放在降低酸菜与辣椒的消耗量上，或者选择不同的进货渠道以降低成本，或者研究如何降低水煮鱼烹饪过程中的用油量。

3. 评估业务盈利能力

很多表面上赚钱的项目，实际上却是亏钱的。比如最近很流行的定制化，很多制造业企业，比如汽车、家电行业的企业，面向消费者推出个性化定制业务。定制化产品的定价高于标准化产品，在传统成本核算体系下，往往会展现优异的盈利能力。这对决策者造成误导，认为应该大力发展定制化业务。

如果用作业成本法进行成本核算，我们就会发现，看似赚钱的定制化业务实际上消耗了公司的大量资源，而这些资源消耗是由作业驱动的。在传统成本核算体系下，这些成本无法被追溯到定制化项目，作为间接成本被平均分摊给了包括标准化产品在内的所有产品，就像水煮鱼消耗了大量的食用油和辣椒，但是这些成本和其他产品的成本混在一起被分摊出去了。

作业成本法的思维可以帮助我们关注成本背后的那些驱动因素。作业把成本对象和资源联结到一起。

────── **· 本章小结 ·** ──────

1. 直接成本是那些可以追溯到具体产品的成本。间接成本是无法追溯到具体产品的成本，它最终会按照一定规则进行分摊。

2. 在成本核算中，直接成本是相对准确的，不容易出错，而间接成本的分摊却具有很大的主观性。尽量把成本归集到直接成本，间接成本只应包括实在无法追溯到产品的成本。

3. 按照"作业"进行成本分摊的方法被称为"作业成本法"，对应的英文是"Activity Based Costing"，简称ABC。作业成本法的指导思想是"成本对象消耗作业，作业消耗资源"。作业成本法把直接成本和间接成本作为产品消耗作业的成本同等对待，拓宽了成本的计算范围，使计算出来的产品成本更准确。

4. 作业成本法的实际应用：

（1）准确定价；

（2）降低成本；

（3）评估业务盈利能力。

· 思 考 题 ·

你觉得直接成本和变动成本是相同的概念吗？是否存在直接且固定的成本？是否存在间接且变动的成本？

第十章

相关成本与沉没成本

> 如果一项开支已经付出并且不管做出何种选择都不能收回，一个理性的人就会忽略它。这类支出被称为沉没成本（Sunk Cost）。
>
> ——斯蒂格利茨

一、沉没成本

2001 年诺贝尔经济学奖得主斯蒂格利茨教授说，普通人（非经济学家）常常不计算机会成本，而经济学家往往忽略沉没成本——这是一种睿智。他在《经济学》一书中说："如果一项开支已经付出并且不管做出何种选择都不能收回，一个理性的人就会忽略它。这类支出被称为沉没成本。"

接着，他在书中举了个例子："假设现在你花 7 美元买了一张电影票，但你对这部电影是否值 7 美元表示怀疑。看了半小时后，你的怀疑被验证了，看这部电影简直是一场灾难。你应该离开电影院吗？在做这一决策时，你应该忽视买电影票的 7 美元。这 7 美元是沉没成本，不管是去是留，这钱你都已经花了。"斯蒂格利茨不愧是大师，他用通俗的话语道出了生活和投资的智慧。

沉没成本是指由于过去的决策已经发生的而且不能由现在或将来的任何决策改变的成本。在财务上，这类成本被称为不相关成本。与什么不相关呢？与当下的决策不相关。

二、坐高铁还是自驾

现在，我举个例子。你打算中秋节带家人从北京去天津玩，到底是坐高铁还是自驾呢？当然，自驾的前提是你得有一辆私家车。坐高铁的费用很好计算，北京去天津的高铁票 55 元一张，三个人往返一共是 55 × 6 = 330 元。另外，从家到北京南站的出租车费往返一共 100 元，在天津市内的公共交通费一共 150 元，总计 580 元（见表 10-1）。

表 10-1   坐高铁的成本   （金额单位：元）

高铁票	55 元 / 张 ×6 张	330
北京往返南站打车费	50 元 / 次 ×2 次	100
天津市内交通费	多次	150
总计		580

　　如果是自驾去天津呢？北京到天津往返200公里左右，加上天津市内交通50公里，为了简单起见，我们按照250公里计算。自驾的费用包括什么呢？油费、高速过路费、停车费、折旧费、保险费、保养费等。假设私家车的百公里油耗为10升93号汽油，当前油价为6.05元/升；车的购置款为10万元，使用寿命为5年，每年2万元折旧费，一年开1万公里，则每公里折旧费为2元；每5000公里需要做一次保养，每次保养费为500元，即每公里的保养费是0.1元。为方便计算，停车费与保险费按30元、60元计算。自驾的成本具体计算见表10-2。

表 10-2　自驾的成本　　　　（单位：元）

油费（往返）	151.25
高速过路费（往返）	100
停车费	30
折旧费	400
保险费	60
保养费	25
总计	766.25

如果这样算下来，自驾貌似比坐高铁贵了很多，坐高铁去天

津应该是个明智的选择。不过，似乎有些不对劲哦！对于自驾来讲，某些费用就算没有这次去天津的旅行也是会发生的，比如折旧费、保险费。车辆不会因为去了天津就额外贬值，保险费也不会因为去了天津就要多交。可是油费、高速过路费、停车费等却是因为天津之旅而额外产生的。

在这个案例中，折旧费、保险费就是前面说的沉没成本，即不相关成本，与是否自驾去天津的决策没有相关性，所以在进行上述分析的时候不应该考虑。而油费、高速过路费、停车费等是因为开车去天津这个决策而产生的，即相关成本，是应该考虑的因素。

那么，保养费呢？每开 5000 公里需要支出保养费，如果开车到天津，跑了长途，可能下一次保养的时间会提前，所以保养费也是相关成本。

综上所述，我们重新计算了自驾的成本（见表 10-3 与表 10-4）。

表 10-3　自驾的相关成本与不相关成本

（单位：元）

油费（往返）	151.25	相关成本
高速过路费（往返）	100	相关成本
停车费	30	相关成本
折旧费	400	不相关成本
保险费	60	不相关成本
保养费	25	相关成本
总计	766.25	

表 10-4   自驾的相关成本   （单位：元）

油费（往返）	151.25
高速过路费（往返）	100
停车费	30
保养费	25
总计	306.25

让我们重新梳理一下，坐高铁的费用为 580 元，因自驾而额外产生的费用为 306.25 元。这么一比，其实还是自驾比较划算。我们在前面之所以得到了不同的结论，是因为混淆了沉没成本与相关成本。

三、外包决策中的相关成本与沉没成本

有一家生产运动鞋的公司，他们的销售人员不仅被考核销售额，还被考核订单毛利率。也就是说，销售人员不是把鞋卖出去就行了，还要保证公司能赚到钱。你会说，简单啊，涨价不就行了？但做过销售的人都知道，涨价是多么困难的一件事。

如果不能涨价，那还是降低成本吧！你可能猜不到销售人员是如何降低成本的。他们把拿到的订单大部分都外包给其他工厂！你没听错，自己工厂的产能还有富余，却把大量的订单外包给其他工厂。结果可想而知，公司肯定亏钱。可是，为什么销售人员决定外包呢？

以其中一款产品为例，会计在给销售人员计算毛利的时候列

出的产品成本如表 10-5 所示。

表 10-5　鞋厂的产品成本分析　　（单位：元）

原材料成本	30
人工费	20
设备折旧费	15
单位成本	65

料工费，没问题！每生产一双这款鞋，需要 30 元原材料，20 元工人工资，还有设备折旧费 15 元，加起来一共 65 元。如果这双鞋的订单价格为 120 元，那么销售人员为公司贡献的毛利润是 55 元。

可是，销售人员发现，代工厂生产这样一双鞋的报价是 60 元，比自己工厂生产还便宜 5 元。于是，销售人员纷纷把订单外包出去……站在销售人员的角度，每双鞋的毛利润提高到了 60 元，改善了业绩。那么，为什么对销售人员有利的行为却损害了公司整体利润呢？

这就要用到前面讲的成本知识，即相关成本与不相关成本（沉没成本）。外包决策能影响的成本就是相关成本，而不管外包与否都没有变化的成本就是沉没成本。

在这里，原材料是相关成本。如果外包，就省下了原材料的成本。人工呢？不一定。如果公司总是有一定规模的生产工人，即使产品外包，工人也不能被辞退，那么工人工资就是不相关成本。如果外包导致辞退工人，那么工人工资就是相关成本。

可是，不管产品是否外包，只要工厂还存在，工厂里的设备就会产生折旧费。除非公司整体的商业模式改变，所有的产品都是代工生产，公司只负责产品设计和品牌推广。不过，那就是另外一种商业模式了。

所以，如果工人工资和设备折旧费都属于不相关成本，那么外包的话，每双鞋只能节省 30 元的原材料成本，公司却要付给代工厂 60 元的费用。怎么看这都是一笔不划算的买卖。这种情况下的外包，只能造成公司的亏损。

只有在以下几种情况下，外包才可以帮助公司赚钱。

（1）分工协作式外包。把自己公司并不生产的某些零部件交给专业公司制造，公司可以节省资本性开支，不用购买固定资产。而代工厂拥有生产线，为多个客户代工，设备充分使用，制造费用可以被摊薄，成本可以达到行业最低水平。

（2）如果自己公司和代工厂都具备某种产品的制造能力，在外部报价低于本公司的变动成本时，才可以外包。比如在制鞋的案例中，如果外部报价低于 30 元，就可以考虑外包。在这种情况下，即使公司有产能闲置，外包也划算。否则，就应该自己生产。

（3）如果自己公司的产能已经百分之百使用了，确实没有富余产能来生产，则可以找质量可靠的代工厂代工，只要其报价低于客户订单报价，有边际贡献就可以。

以上是从财务角度来分析外包决策。但是，在商业世界中，财务只是做决策的考虑因素之一。比如，如果某种零部件只有一家供应商可以生产，就坚决不能外包。因为在这种情况下，外包会为对公司未来的发展带来隐患。

四、完全成本法与边际成本法

我们再回到中秋节出行的案例。任何分析的假设和前提都很重要，在自驾还是坐高铁的分析中，有以下两个重要的假设：

（1）这个家庭本身有私家车；

（2）中秋节时旅行。

我们试想一下，如果一家旅行公司经营从北京到天津这条线路的大巴，需要考虑从北京到天津的总成本以确定票价。如果是这种情况，车辆的折旧费和保险费就是必须考虑的因素了。

为什么中秋节时自驾旅行就不用考虑折旧费与保险费，而旅行公司就要考虑呢？这两种情况的本质区别是什么？

中秋节时自驾去天津旅行是临时的，不会经常发生，而旅行公司的大巴是需要经常跑这条固定线路的。中秋节旅行属于短期决策，大巴的定价属于长期决策。当面对短期决策时，我们用来分析成本的方法是边际成本法，只考虑相关成本（边际成本）对决策的影响；而对于长期决策，我们分析成本的方法是完全成本法，所有的成本都要考虑在内。因为大巴本身的购置成本需要从票价中回收，等到大巴"退役"的时候，从票价中回收的资金应可以购买一辆新的大巴，之后剩下的钱才是真正的利润。

我们再考虑另一个场景：你在一家公司做人力资源专员，上下班兼职做专车司机，载一些顺路的乘客回家。在这个假设前提下，你对收入的期望不会太高，只要收入能够超过变动成本就可以，比如因绕路而额外产生的油费、高速过路费，因为汽车载重增加而产生的油费等。你不需要考虑车子的折旧费和保险费，因为你就算不载其他乘客这些费用也会发生的。

如果你觉得开专车比做人力资源专员挣得多，于是想辞职开私家车当专职专车司机，你需要考虑的是你开专车的收入是否可以超过你的所有成本，包括油费、折旧费、保险费、保养费等。换句话说，你需要用完全成本法来重新考虑这笔生意。

完全成本法和边际成本法在公司中是如何应用的呢？通常，财务部门给你计算的成本都是按完全成本法计算的，因为会计准则要求用完全成本法计算销售成本和存货的价值，而边际成本法只适用于某种业务场景下的决策。

····· 本章小结 ·····

1. 沉没成本是指由于过去的决策已经发生的而且不能由现在或将来的任何决策改变的成本。财务上称这类成本为不相关成本。相关成本就是与当下决策相关的成本。

2. 以下三种情况的外包，才可以帮助公司赚钱。

（1）分工协作式外包；

（2）外包报价低于公司的变动成本；

（3）公司没有富余产能，外包报价低于客户订单报价。

3. 完全成本法适用于长期决策，如定价决策。公司财务部门给出的成本通常是按完全成本法计算的。边际成本法适用于短期决策，如外包决策。边际成本法只适用于某种业务场景下的决策。

─•　思　考　题　•─

在关闭生产线的决策中，什么是相关成本，什么是不相关成本？关闭一条亏损的生产线一定是正确的决策吗？

模块二

2

融资——钱从哪里来

第十一章

利润是内生的资金来源

做生意一定要赚钱，就像雨天一定要撑伞一样。这是企业成长的秘诀。

——松下幸之助

一、金融的本质

融资听上去是个"高大上"的词，似乎只有大公司才能和融资沾上边儿。其实我们在生活中也有很多融资活动，比如贷款买房。我们自己的钱只够首付款，余下的钱就要向银行贷款。这就是典型的融资。那么，融资的本质是什么呢？银行为什么要给你贷款？是银行真心想帮你吗？

我们在向银行贷款的时候，银行会要求我们提供工资证明。这又是为什么呢？我们可以把融资理解为跨时间交易：银行不是因为发善心而借钱给你，而是和你做了一笔跨时间交易。你把未来的收入抵押给银行，银行帮你提前支取了未来几十年的收入。你能够还款的前提是：未来有收入。我们经常开玩笑地称贷款买房的人为"房奴"，还真是很形象啊！

你可能会说，不对，银行有房产作为抵押，如果我还不起银行的贷款，银行可以把房子收回。这话听起来没错，但是如果银行的贷款都要通过拍卖债务人的房产来收回，那么效率会很低，成本会很高。而且从这笔交易的本质来看，贷款人希望用自己未来的收入来换取居住的房产，而不是未来通过拍卖房子来还贷款。

这个原理也适用于大多数的企业融资。不论是银行还是权益投资人（股东），给一家企业融资的目的绝不是单纯地帮助企业渡过难关。

银行给企业融资也是跨时间交易，今天的融资需要用将来的利润来偿还。那么有抵押物的贷款也符合这个理论吗？和上述的房产贷款一样，企业用厂房等资产抵押贷款，在正常情况下，还是希望用未来的利润来偿还贷款，而不是变卖厂房来偿还贷款。我们前面讲过，贷款买设备，最终用来还贷款的是设备折旧费用（相当于价值转移）和利润。按照这个原理，贷款期限应该等于设备的使用期限。

权益投资人给企业的融资的本质也是以利润为"抵押"吗？很多企业并没有赚钱，但是市值涨了，投资人虽然没有拿到利润，但是转手卖掉股权也收益颇丰，这种现象怎么解释呢？

巴菲特曾经说过，股票其实也是债券，是永续浮息债券。永续的意思是没有到期日，永远不用还，浮息就是浮动利息。学习过金融的读者应该了解，债券的价格等于未来利息的贴现值。没有未来现金流的预期回报，这项资本的价值就是0。没有利润支撑的资本溢价就好像击鼓传花，最终形成泡沫。这就是投机。所以松下幸之助说："做生意一定要赚钱，就像雨天一定要撑伞一样。这是企业成长的秘诀。"

二、资产负债表上的融资

我特别喜欢用柱状图来演绎资产负债表的变化（见图11-1）。

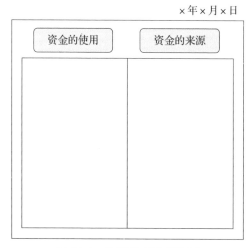

图 11-1　资产负债表示意图

我们先从资产负债表的原理讲起。我们经常说融资，其实大家可能不知道，资产负债表的右边，反映的就是资金的来源，即融资。搞懂了资产负债表，就可以清楚地看出来公司的钱到底是从哪里来的。那么图 11-1 左边的"资金的使用"和右边的"资金的来源"之间到底是什么关系呢？

1. 第一次融资

如果股东投资 100 万元现金开一家公司，这在资产负债表上应该怎么反映呢？

如图 11-2 所示，左边的柱子代表资金的使用，右边的柱子代表资金的来源。你会发现，生活中一句话就说完的事情，在资产负债表里从两个角度说了两遍：从资金的使用来看，公司多了

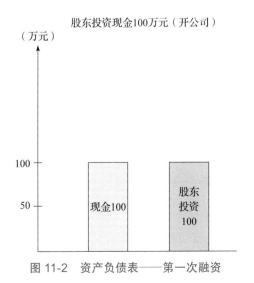

图 11-2 资产负债表——第一次融资

100万元现金；从资金的来源来看，这100万元是股东投的，此为股东投资。为什么资产负债表可以平衡呢，因为左右说的是同一件事。"资金的使用"的总额永远等于"资金的来源"的总额。这是公司的第一次融资。

如果公司开始运营，用30万元现金买入了一台设备，资产负债表会如何变化呢？

现金少了，设备多了，资金的使用发生了变化，总资产没有变化。资金的来源也没有变化，因为公司并没有增加融资，用的还是股东投资的100万元（见图11-3）。

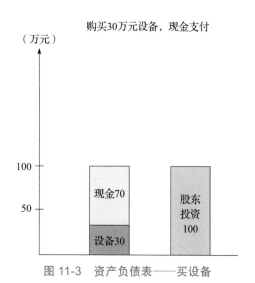

图 11-3　资产负债表——买设备

2. 第二次融资

现在公司进行第二次融资，向银行借款50万元。这种情况在资产负债表如何反映呢？

和第一次融资很类似，左右两边同时增加，左边增加 50 万元现金（存款），右边增加 50 万元的资金来源，只不过这次的来源是银行（见图 11-4）。

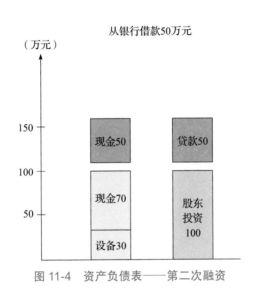

图 11-4　资产负债表——第二次融资

3. 第三次融资

有的时候，有些行为的本质也是融资，只不过我们没有意识到。具体演示见图 11-5。

如果企业购买了价值 50 万元的存货，但是货款可以下个月再付。企业可以提前获得使用存货的好处（比如卖掉或者用来生产商品）却不用支付货款，这就相当于供应商借一笔钱给企业买存货，下个月再还钱给供应商。从图 11-5 可以看出，左右两边同时增加，和之前银行借款的图形非常相似。你可以想象一下，如果是用现金购买存货，现金就会减少，而应付款的存在使得现金的存量没有变化，这是不是和借钱的效果一样呢？

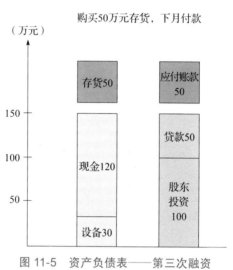

图 11-5　资产负债表——第三次融资

4. 第四次融资

还有另一种融资：向客户融资。如果客户在获得商品之前就把货款支付给企业，企业就可以用客户的钱去买货、发工资，这也相当于拿到了一笔客户的融资。

从图 11-6 可以清楚地看到左右两边同时增加，这是典型的融资的图形。最典型的就是房地产公司的预收款，房地产公司可以在收钱一两年后再交房。预收款是没有利息的融资。

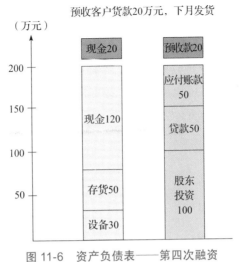

图 11-6   资产负债表——第四次融资

5. 第五次融资

我们先看一下第五次融资的演示（见图 11-7）。

这次融资和之前几次都不一样，具有非常特殊的意义。卖掉 20 万元的存货，收到现金 30 万元，并不是等量交换。资产负债表的左边，少了 20 万元存货，但同时增加了 30 万元现金，这两个变化都反映在左边，导致左边的柱子增高了 10 万元，而这一次，右边拿什么和左边增加的资产来配对呢？这个差额就是利润。我们要特别注意，利润是资产负债表右边的项目。所以，毫无疑问，利润是一种资金来源。

这种资金来源对于企业来讲具有划时代的意义。之前的四次融资都是等量交换，并没有创造价值。只有利润，才是真正意义上的企业内生的资金来源。当然，从本质上来说，利润也属于股东。有了利润，对于投资方和被投资方都是好事情：从投资方来讲，企业可以自己养活自己，不至于成为无底洞把投资方拖垮；从被投资方来讲，可以用赚来的钱支持企业日常运营甚至投资，不用总是看投资人的脸色。优秀公司的资产负债表右边总是存在大量的利润（留存收益）。

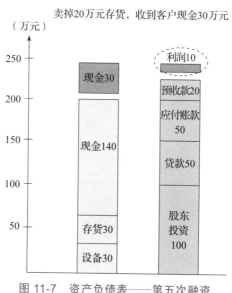

图 11-7   资产负债表——第五次融资

三、融资顺位理论

到目前为止，我们用柱状图介绍了一家公司的各种融资渠道：股东、银行、供应商、客户、公司留存的利润。那么，如果一家公司需要融资，应该首先从什么地方融资呢？这几种融资渠道的优先顺序是什么？

1984 年，美国两位经济学家迈尔斯和马吉洛夫首先提出了"融资顺位理论"[⊖]：公司融资的顺序应该遵循先内后外的原则，即先用内部现金流，如果内部现金流不够用，再进行外部融资。

什么是内部的现金流呢？内部的现金流可以理解为经营活动创造的现金流，我们在后面的章节会详细介绍。简单地说，经营活动的现金流首先来源于利润：低买高卖，有利润，自然就会有资金沉淀下来。如果一家公司在行业内拥有话语权，就可以提前向客户收款，推迟向供应商付款，这也会形成经营活动的现金流，我们称之为营运资金现金流。我们一般认为，利润和营运资金现金流都属于企业靠运营产生的现金流，是内部现金流。

向股东和债权人融资被称为外部融资。外部融资应该先用债权人还是股东的资金呢？优先使用债权人的资金。为什么呢？如果公司的经营前景很好，盈利模式成熟稳定，那么向债权人借 1000 万元资金，利率 6%，第二年还给债权人 1060 万元就可以了，公司将来产生的盈利不用分给债权人。但如果向股东融资 1000 万元，虽然不用还利息，但是公司将来产生的盈利都要分给新股东一份。

既然向股东融资的成本高，为什么那么多公司要上市呢？第一个原因，借钱必须还本付息，债权融资会加大公司的风险，所

　　⊖　又称"优序融资理论"。

以公司不能无限制地用债权人的资金，而股东的资金成本高但是可以一直使用，向股东融资应该是公司高管在权衡了风险与收益之后的决策。第二个原因，融资顺位理论认为，公司的高管（内部人）更知道企业的真实价值，只有股价被高估的时候，高管才有发行股票的动力。举个例子，目前发行股票的定价为 100 元每股，而只有当高管认为公司的实际价值低于 100 元每股时才愿意发行股票。如果高管认为公司的价值是 150 元每股，那么股价为 100 元时高管就不会选择发行股票了。

事实上，成熟的资本市场也是这样反应的。如果公司和银行签订借款协议，公司的股价会上涨；如果公司宣布增发股票融资，投资人认为这个时候公司的股票一定是高估的，因此会向下调整股票价格，股价因此会下跌。美国上市公司的融资顺序更符合融资顺位理论。

A 股上市公司由于财务管理水平低，留存公司的利润比较少，因此更倾向于外部融资。而在外部融资的具体选择上，更优先采用股权融资，其次才是债权融资。主要原因就是 A 股上市公司的股权融资成本比较低，在 A 股市场上不分红或者少分红的企业非常多。

· 本章小结 ·

1. 金融的本质是跨时间交易，不论对个人还是公司都成立。股票其实也是债券，是永续浮息债券。

2. 公司融资的渠道包括股东、银行、供应商、客户、公司留存的利润。与其他四种渠道都不同，公司留存的利润是内生的资金来源。

3. "融资顺位理论"：公司融资的顺序应该遵循先内后外，即先用内部现金流，如果内部现金流不够用，再进行外部融资。

4. 利润和营运资金现金流都属于企业靠运营产生的现金流，是内部现金流。外部融资应该先用优先使用债权人的资金。

5. 公司上市的原因：

（1）权衡了风险与收益之后的决策；

（2）股价被高估的时候才会上市。

· 思 考 题 ·

2020年上半年，小米、腾讯等知名上市公司在不缺资金的情况下，纷纷对外发行债券，原因是什么？资本市场对此的反应是什么？

第十二章

复利计算的资产回报率

活着等于不断赚钱。

——佚名

一、一个便利店的故事

让我们从一个便利店的故事讲起。某个小便利店，今年的收入是 2000 万元，而净利润是收入的 10%，即 200 万元。根据我们前几章讲到的知识，利润率并不能说明这家便利店的盈利能力。我们需要知道这家便利店的总资产是多少，然后再计算资产回报率。如果你是这么想的，说明你很用心地看了前面几章内容。

如果这家便利店的总资产是 1000 万元，那么我们就可以计算出资产回报率 = 200 万元 ÷ 1000 万元 = 20%。这是比较不错的盈利水平。

分析到这里，我们用的都是之前讲过的知识。下面的内容会涉及一些新知识。如果这个便利店盈利 200 万元，这 200 万元最终会进入哪里呢？举个例子，你今年的收入为 20 万元，衣食住行花费了 15 万元，最终产生了 5 万元的净储蓄。而在这之前，你已经有了 30 万元的存款，5 万元的净储蓄会转化成存款，到今年年底时，你的存款就是 35 万元。

对于企业，这个逻辑也是成立的。这家便利店今年赚到的 200 万元利润会转化为便利店的资产。你可以理解为现金资产增加了（假设利润都转化为现金了），那么在年底的时候，这家便利店的总资产就是 1200 万元：1000 万元资产 + 200 万元利润。

如果这家便利店第二年的收入依然是 2000 万元，利润率保持 10% 不变，到第二年年底会出现什么情况呢？ 200 万元利润，1200 万元总资产，相除之后的结果是 16.7%。这是最新的资产回报率。也就是说，在盈利的情况下，这家便利店的资产回报率却下降了。

如果连续五年都维持相同的收入与利润，这家便利店的资产回报率会如何变化呢？具体分析见表12-1。

表 12-1 连续 5 年的资产回报率

（金额单位：万元）

项目	第一年	第二年	第三年	第四年	第五年
利润	200	200	200	200	200
总资产	1 000	1 200	1 400	1 600	1 800
资产回报率	20.0%	16.7%	14.3%	12.5%	11.1%

我们看到，资产回报率连续下降，到了第 5 年，资产回报率降为 11.1%。这就是典型的持续盈利造成资产回报率下降的例子。这就是本章标题所说的"复利计算的资产回报率"。复利的意思是：利润又计入分母，成为新的投资。

二、企业的使命就是不断发展

之所以出现上面的资产回报率下降的问题，主要原因在于便利店的收入与利润没有增长，但是资产却增长了。有的职业经理人认为，利润是公司高管赚的，又不是股东新投入的资金，对于股东的原始投入来说，资产回报率并没有下降。

利润确实是高管赚来的，但高管只是在帮助股东理财而已，赚来的钱属于股东。如果公司账上的利润没有分给股东，就意味着股东对公司进行了再投资，也就相当于股东追加投资。既然股东追加投资了，理所当然会希望获取更高的回报，所以公司的使命就是不断发展。

针对便利店的例子，从经营管理的角度来看，是不是投资回报率真的变差了呢？假设新增的利润都投入到存货中，但是却没有产生更多的收入与利润，这就说明存货管理出了问题，存货的效率下降了；假设新增的利润并没有投入到经营活动中，只是存到了公司的银行账户中，这也同样表明公司的资产效率下降了，因为闲置的资金变多，而资金本身是不能带来任何收益的。我们自己家里的钱，也尽量都拿去投资，买股票、理财产品。如果家里的钱都放在活期存折上，投资回报率当然会降低了。

如何解决持续盈利造成回报率下降的问题呢？第一种解决方案，继续扩大公司的经营规模，提升盈利能力，增加分子，让它与日益扩大的分母相匹配，这应该是股东最希望看到的方案；第二种解决方案，如果无法增加分子，就减少分母，即把多余的钱分给股东：分红与回购股票。

三、苹果的分红与回购股票

根据 2015 年的年报，苹果拥有现金及可变现投资为 2157 亿美元，几乎是排名第二的微软的两倍。（同期，微软的现金及可变现投资为 1128 亿美元。）这里的现金指的是广义的现金，不仅包括银行存款，也包含短期和长期有价证券。

苹果的现金资产与运营中的资产是什么比例呢？具体数据见表 12-2。

表 12-2　苹果的现金资产与其他资产

（单位：百万美元）

编号	项目	2015 年底	2014 年底
1	现金及现金等价物	21 120	13 844
2	短期有价证券	20 481	11 233
3	长期有价证券	164 065	130 162
	现金资产总计	205 666	155 239
4	应收账款	16 849	17 460
5	存货	2 349	2 111
6	土地、设备及厂房	22 471	20 624
	其他资产总计	22 471	20 624

资料来源：苹果（AAPL.O）年报。

在表 12-2 中，第 1～3 项的数字加在一起就是媒体所谓的 2000 多亿美元的现金储备，而真正和主营业务相关的资产，如存货、应收账款以及固定资产（第 4～6 项），只有 224 亿美元，差不多是现金储备的 1/10。

苹果账上的巨额现金不是现在才有的，在过去发展的若干年里苹果依靠富有竞争力的产品赚取了大量的利润，也积累下巨额的现金。不过在乔布斯时代，讨论如何使用现金在苹果是一个禁忌。乔布斯从来不分红！但是股价的持续上涨给股东带来的收益也是不言而喻的，所以虽然不分红，投资人也没什么话说。

可是，问题来了。就像刚才案例中的那家便利店，苹果收入增长的速度并没有赶上资产增加（积累大量的未分配利润）的速度。我们可以想象得到，分子的增长落后于分母的增长，所以投资回报率就会持续下降。很多投资人开始质疑苹果：我们把钱给你（苹果），是要你帮我们投资在主营业务上，开发新产品。如果苹果靠买理财产品挣利息，我们（投资人）为什么不自己去买理财产品？这个问题很现实，所以苹果面临富人的烦恼：钱到底怎么花？

收购公司与投资新业务，这应该是苹果首选的解决方案。但是如果市场上没有那么多好的项目可以投资，总不能为了投资而投资吧？如果投资产生亏损，投资人肯定觉得还不如买理财产品呢。

如果无法快速增长，最好把闲置的资金分给股东，要么分红，要么回购公司股票。

我们可以用资产负债表的柱状图来模拟一下分红与回购股票对于公司资产的影响，如图 12-1 所示。

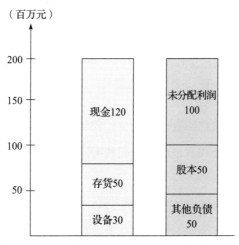

图 12-1　资产负债表——未分红与回购股票

假设图 12-1 是一家公司没有分红和回购股票之前的资产负债表。如果一家公司是盈利的，却不进行分红，在资产负债表上，左边的现金就会越来越多，右边的未分配利润也会越来越多。此时公司的总资产为 2 亿元。

现在公司决定对股东分红 2000 万元。图 12-2 反映的就是分红的过程对资产负债表的影响。

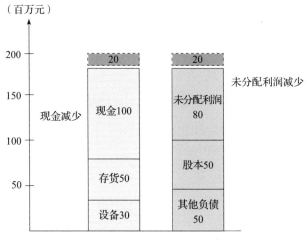

图 12-2　资产负债表——分红的影响

虚线的方块代表资金的减少。我们看到，分红会导致资产负债表左边的现金和右边的未分配利润同时减少，从而使整体的资产规模变小。

分红之后的资产负债表如图 12-3 所示。

此时公司的总资产为 1.8 亿元。如果利润（分子）不变，资产（分母）变小，公司的资产回报率就会提高。

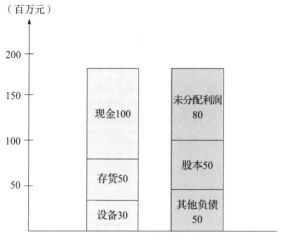

图 12-3 分红之后的资产负债表

现在公司决定用 3000 万元回购股票。图 12-4 反映的就是回购股票的过程对资产负债表的影响。

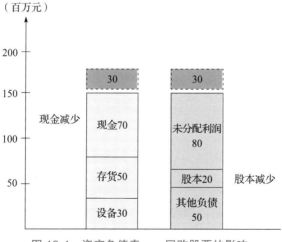

图 12-4 资产负债表——回购股票的影响

　　经常有人问，回购的股票去哪了？你可以把这个过程想象成 IPO 的反向操作，相当于在工商局申请减少注册资本。所以，右边的股本减少了。如果回购的股票留在公司，就变成库存股，将来可以用于高管激励。如果是这种操作，公司的股本并没有变化，只是把 3000 万元现金换成了 3000 万元的库存股，资产并不会变少。我们这里讨论的不是这种情况。

　　回购股票之后的资产负债表如图 12-5 所示。

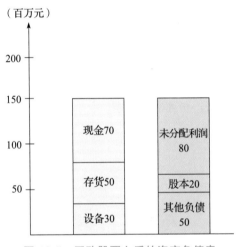

图 12-5　回购股票之后的资产负债表

　　此时公司的总资产为 1.5 亿元。分母的持续下降继续提升公司的资产回报率。

　　不管是分红还是回购股票，都可以把资产负债表的左右两边变小，不管是总资产回报率还是净资产回报率都会提升。

有的媒体说，苹果的现金储备让它有了高分红与回购股票的实力。我觉得这种说法因果倒置了，因为苹果的高现金储备使它不得不采取分红与回购股票的方法来消耗多余的现金。

微软等高盈利公司当年也走过今天苹果所走的道路：赚钱，赚钱，然后现金储备不断增加，不分红，就是不分红，然后投资人逼宫，发债券、分红与回购股票，压低公司融资成本，同时提升资产回报率。

四、回购股票对于资本市场是利好吗

从上面的案例中可以看出，公司回购股票会提高资产回报率，而且回购股票会减少市场上流通的股份。减少股票的供给，股价会上升，所以回购股票应该是利好。苹果宣布回购股票之后也的确迎来了股价的上涨。

不过，从另一个角度来看，回购股票也传递了一个信号，那就是公司没有太好的投资项目，只好把资金还给股东。

回购股票还可以向资本市场传递公司价值被严重低估这一信息，从而增强投资者信心，稳定公司股价。而高管或者大股东套现则可以说是反面案例，会打击投资者信心，引起股价下跌。

· 本章小结 ·

1. 在公司有盈利的情况下，收入与利润没有增长，但是资产却增长了，会造成资产回报率的下降。这就是复利计算的资产回报率。

2. 避免资产回报率下降的解决方案：① 提高分子，提升公司的收入与利润；② 降低分母，把多余的资金还给股东，分红或者回购股票。

3. 分红与回购股票会导致资产负债表左边的现金和右边的股东权益同时减少，从而使整体的资产规模变小。在利润不变的情况下，资产回报率会上升。

4. 公司回购股票的意义：

（1）提高资产回报率；

（2）减少市场上流通的股份，即减少股票的供给，股价会上升；

（3）公司没有太好的投资项目，只好把资金还给股东；

（4）向资本市场传递公司价值被严重低估这一信息，从而增强投资者信心，稳定公司股价。

· 思 考 题 ·

回购股票和分红对于投资者有什么不同？哪一种对投资人来说在财务上更有利？

第十三章

黑字倒闭与赤字倒闭

现金是氧气，99% 的时间你不会注意它，直到它没有了。

——巴菲特

一、黑字倒闭

提到倒闭，大家想到的一定是经营不善，生意亏损，最后导致资不抵债，宣布破产。这种情形叫作赤字倒闭。赤字指的是利润表上的利润是负数，收入抵不上成本。

那么相对应的，黑字倒闭正好相反，账上有利润，却发生了倒闭。黑字倒闭是什么原因造成的呢？我们在第十一章讲过，利润在资产负债表的右边，因此是公司内生的资金来源（参见图 11-7）。按照这个观点，只要公司有利润，就应该给公司带来源源不断的现金，那为什么还会发生黑字倒闭呢？

我们把上面的例子改变一下，如果客户没有付现金，而是承诺 1 个月后付款 30 万元，这家公司的资产负债表会如何变化呢？还会产生利润吗？而利润依然是公司的资金来源吗？

让我们来看看图 13-1，看资产负债表是如何变化的。

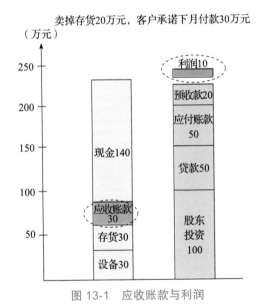

图 13-1 应收账款与利润

咦，右边还是产生了 10 万元的利润。这个问题我们在前几章已经讨论过了。利润表遵循权责发生制的原则，只要货物被客户签收，风险转移完成，就可以计为收入，同时也会产生利润，所以没有收到货款并不影响利润的产生。

可是，这个时候的利润还是公司的资金来源吗？我们看左边的资产方，现金并没有如图 11-7 所示增长为 170 万元，现金还是维持交货前的 140 万元，但增加了一项 30 万元的应收账款。我们可以把应收账款理解为一张白条，正常情况下白条是不能当现金用的。比如，现在我们需要给供应商支付货款，我们总不能把白条给供应商吧？

我们现在可以理解为什么会出现黑字倒闭了。虽然公司有利润（非赤字），但是利润却没有及时完全转化为现金。这样经营下去，一方面运营需要资金，另一方面资金又被客户方占用，久而久之，公司的现金流就会越来越差，最终倒闭。

二、经营中被占用的资金

应收账款应该是经营中最常见的一种资金占用了。为什么会强调经营中呢？因为还有一种占用，是非经营性占用。比如公司买入固定资产，这也是一种资金占用，这种占用属于非经营性占用。

经营中的占用除了应收账款，还有什么呢？

我们可以想象有三个库在占用公司资金：

（1）公司自己库里的存货；

（2）客户库里的存货（客户没有付款，客户仓库里的货还在占用公司资金）；

（3）供应商库里的存货（如果公司先付款，供应商后发货，供应商库里的货也是公司在垫资）。

存货、应收账款、预付账款都是对公司资金的占用。

像京东这样的公司，虽然会有存货占用资金，但因为其业务是以 2C 为主，所以没有下游对资金的占用而对大多数上游供应商又可以延期付款，所以基本不占用公司的资金。

大多数的制造业企业，都会存在存货和应收账款对资金的占用，不过通常可以对供应商延期付款。也有一种制造业企业，会被上下游企业同时占用资金，比如有一家上市公司，下游客户是电器厂商，上游供应商是中石油，它们都很强势，所以对下游客户卖产品不能迅速回款，对上游供应商又需要预付货款才可以拿货。

三、应收账款为何会造成黑字倒闭

我们先以应收账款为例，来研究一下现金流为什么不等于利润。假设公司 A 每个季度的销售额是 300 万元，成本为 240 万元，第一年各季度和年度的利润表和现金流量表如表 13-1 所示。

假设在理想状况下，客户都是在收货时支付货款，公司也是在当期支付给供应商。为了使讨论更为简单，我们不考虑存货的问题，也忽略折旧。

在这种假设下，我们发现利润表和现金流量表没有什么区别。第一年的净利润和净现金流都是 240 万元。在这种情况下，不会有发生黑字倒闭的风险。第一年年底应收账款余额为 0。

表 13-1 第一年的利润与现金流 （单位：万元）

第一年：季度销售额为 300 万元，客户不欠账，公司不欠供应商											应收账款
利润表					现金流量表						
	Y1Q1	Y1Q2	Y1Q3	Y1Q4	年度总计		Y1Q1	Y1Q2	Y1Q3	Y1Q4	年度总计	Y1 12/31
收入	300	300	300	300	1 200	现金流入	300	300	300	300	1 200	
成本	240	240	240	240	960	现金流出	240	240	240	240	960	0
利润	60	60	60	60	240	净现金流	60	60	60	60	240	

到了第二年，发生了一些变化。由于竞争激烈，客户的付款条款都改为一个季度后付款，但公司还是要准时支付供应商的货款。第二年的利润表和现金流量表的变化如表 13-2 所示。

表 13-2 第二年的利润与现金流 （单位：万元）

第二年：季度销售额为 300 万元，客户一个季度之后付款，公司不欠供应商											应收账款
利润表					现金流量表						
	Y2Q1	Y2Q2	Y2Q3	Y2Q4	年度总计		Y2Q1	Y2Q2	Y2Q3	Y2Q4	年度总计	Y2 12/31
收入	300	300	300	300	1 200	现金流入	0	300	300	300	900	
成本	240	240	240	240	960	现金流出	240	240	240	240	960	300
利润	60	60	60	60	240	净现金流	-240	60	60	60	-60	

由于遵循权责发生制，利润表还是维持不变，但是现金流量表却发生了变化。第二年一季度的订单要到二季度回款，以此类推，四季度的订单要到第三年一季度才能回款。所以，在第二年只收到三个季度的订单回款，但是对供应商的付款还是准时的，所以净现金流比利润少了 300 万元，从正的 240 万元变为负的 60 万元。这意味着在利润增加 240 万的年度，现金流却减少了 60

万元。第二年的年底，应收账款的余额为 300 万元。

如果第三年一切假设与第二年相同，现金流与利润之间是什么关系呢？

我们来看一下表 13-3。

表 13-3　第三年的利润与现金流　（单位：万元）

第三年：季度销售额为 300 万元，客户一个季度之后付款，公司不欠供应商											
利润表					现金流量表						应收账款
	Y3Q1	Y3Q2	Y3Q3	Y3Q4	年度总计		Y3Q1	Y3Q2	Y3Q3	Y3Q4	年度总计	Y3 12/31
收入	300	300	300	300	1 200	现金流入	300	300	300	300	1 200	
成本	240	240	240	240	960	现金流出	240	240	240	240	960	300
利润	60	60	60	60	240	净现金流	60	60	60	60	240	

没算错吧？现金流又恢复了，和第一年一样，与利润相等！可是，客户的付款条款并没有恢复到和第一年相同的现金付款，为什么现金流却变好了呢？

其实到了第三年底，当年四季度的客户订单依然没有收到款，但是在第三年公司 A 确实收到了四个季度的客户回款，原因就是第三年一季度收到了第二年四季度订单的客户回款，所以整体上现金流又恢复到了之前的状态。不过，虽然现金流与利润持平，但是现在公司账上依然有 300 万元的应收账款余额。

我们可以总结一下规律。

现金流 = 利润 - 应收账款的增加值

我们用第二年和第三年的数据验证一下。

$$第二年 \atop 现金流 = 第二年 \atop 利润 - \left(第二年底应收 \atop 账款余额 - 第一年底应收 \atop 账款余额 \right)$$

$$= 240 - (300 - 0)$$

$$= -60 \, 万元$$

$$第三年 \atop 现金流 = 第三年 \atop 利润 - \left(第三年底应收 \atop 账款余额 - 第二年底应收 \atop 账款余额 \right)$$

$$= 240 - (300 - 300)$$

$$= 240 \, 万元$$

这也就说明了第三年现金流变好的原因：应收账款余额没有变化，一直保持 300 万元。

除了客户付款条件的改变，还有什么情况会使得公司的现金流恶化呢？我们假设第四年客户的付款周期还是一个季度，但是公司的业务增长迅速，每个季度的销售额从 300 万元增长为 600 万元。

业务增长看似好事，但是对一个不能向客户收取现金付款的公司来讲，发展本身就会耗用公司的资金，最简单的，销售额越大，被客户占用的越多，公司的垫资也越大。

我们看看表 13-4，业务增长对公司现金流的影响吧。

表 13-4 第四年的利润与现金流 （单位：万元）

第四年：季度销售额增长为 600 万元，客户一个季度之后付款，公司不欠供应商											应收账款
利润表					现金流量表						Y4 12/31
	Y4Q1	Y4Q2	Y4Q3	Y4Q4	年度总计		Y4Q1	Y4Q2	Y4Q3	Y4Q4	年度总计	
收入	600	600	600	600	2 400	现金流入	300	600	600	600	2 100	
成本	480	480	480	480	1 920	现金流出	480	480	480	480	1 920	600
利润	120	120	120	120	480	净现金流	-180	120	120	120	180	

用我们刚才推导的公式来复核一下，为什么第四年的现金流为 180 万元。

$$\frac{第四年}{现金流} = \frac{第四年}{利润} - \left(\frac{第四年底应收}{账款余额} - \frac{第三年底应收}{账款余额}\right)$$

$$= 480 - (600 - 300)$$

$$= 180 \, 万元$$

单从应收账款的角度来分析现金流，我们现在可以得出两个结论：

（1）现金流的大小取决于利润的大小和应收账款余额的变化值。

（2）应收账款余额的变化值受两种因素影响：① 客户付款条件（账期）的变化；② 销售额的变化。

进一步解释一下，第一条结论，如果应收账款余额与现金流成反比关系，则应收账款增长时，现金流会因此下降；反之亦然。

第二条结论，在销售额不变的情况下，账期越长，应收账款余额越大；在销售额增长的情况下，即使客户账期没有变化，应收账款余额依然会变大。

那么到底是什么因素导致了黑字倒闭呢？我们接下来观察一下表 13-5。

注意表 13-5 的 Y2Q1，这个季度的现金流入为 0，流出为 240 万元，就是在客户付款条件发生变化当期，现金流入推迟，但是现金流出并没有推迟，这个时间段的现金流出现了一个缺口，我们称这个时间段为现金流断层期。

表 13-5　第二年的利润与现金流　（单位：万元）

第二年：季度销售额为 300 万元，客户一个季度之后付款，公司不欠供应商											应收账款
利润表					现金流量表						
	Y2Q1	Y2Q2	Y2Q3	Y2Q4	年度总计		Y2Q1	Y2Q2	Y2Q3	Y2Q4	年度总计	Y2 12/31
收入	300	300	300	300	1 200	现金流入	0	300	300	300	900	
成本	240	240	240	240	960	现金流出	240	240	240	240	960	300
利润	60	60	60	60	240	净现金流	-240	60	60	60	-60	

如果公司 A 有足够的现金存款，就可以度过这个现金流断层期。如果地主家也没有余粮呢，那就出现了黑字倒闭——流动性破产。

现金流断层期也出现在第四年。我们再看表 13-6 的 F4Q1。

表 13-6　第四年的利润与现金流　（单位：万元）

第四年：季度销售额增长为 600 万元，客户一个季度之后付款，公司不欠供应商											应收账款
利润表					现金流量表						
	Y4Q1	Y4Q2	Y4Q3	Y4Q4	年度总计		Y4Q1	Y4Q2	Y4Q3	Y4Q4	年度总计	Y4 12/31
收入	600	600	600	600	2 400	现金流入	300	600	600	600	2 100	
成本	480	480	480	480	1 920	现金流出	480	480	480	480	1 920	600
利润	120	120	120	120	480	净现金流	-180	120	120	120	180	

第四年一季度的现金流入是第三年四季度订单的回款，所以还是 300 万元的金额。但是当期的业务已经增长了，由于对供应商是现金付款 480 万元，所以当期出现了 -180 万元的现金流缺口，这个时期也是我们定义的现金流断层期，所以在这个时期也有可能出现流动性破产。

我们再总结一下，出现黑字倒闭的原因为：

（1）客户付款条件变差；

（2）销售额增长。

不过要注意，以上两种情况是导致破产的充分条件，但不是必要条件。如果可以对供应商推迟付款，就不会出现破产的危机了。如果客户是付现金，那么销售额增长也不一定导致破产。

四、存货

除了应收账款，存货也会造成流动性破产。存货也是前面讲的"三个库"之一。存货是怎么产生的呢？下面我们从周转库存、安全库存和多余库存三个方面来分析一下。

假设有一个人，他每天都要吃两个辣椒，那么他应该在家里储备多少辣椒？假设从京东上买辣椒，都是两天到货，那么他至少要储备四个辣椒，这叫作**周转库存**。如果没有周转的需求，就不需要这种库存。比如，如果家门口就是菜市场，那就可以随时买了，不用储备任何周转库存。

如果家里来客人了，要多炒一个菜，就需要四个辣椒；或者最近下雪了，经常买不到菜，也需要多储备一些辣椒。这种由需求或者供给不确定引起的库存称为**安全库存**。还有一种情况，家里人吃不到辣椒要发牢骚了，这也会提高存货水平。这种是对于有货率的高要求引起的安全库存。

还有一种情况，比如最近辣椒降价了，买多了可以包邮，等等。这些原因也会造成库存水平的提高。这种库存是**多余库存**。稻盛和夫非常反对这种库存。他认为，如果因为低价而买入太多库存，大家用起来大手大脚，反而会浪费。

只有认识到库存产生的根本原因，才有可能真正去库存。

另外，产品种类的多少，也直接影响库存水平。如果需要储备的不只是辣椒，还有萝卜、青菜，那么库存就更加难以控制了。这就是为什么开市客要尽量减少 SKU 的原因。事实上，开市客的存货周转率确实比沃尔玛要高。

还有一个维度，就是产品本身的生产周期。如果是长周期的

产品，必然会产生大量的半成品，因此存货水平会提升。图 13-2
对比了波音、万科这种长制造周期的公司和比亚迪、长安汽车这
种短制造周期的公司，它们的存货在总资产中的比例。

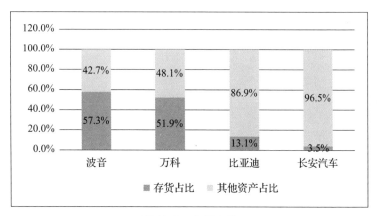

图 13-2　存货占比

资料来源：东方财富 Choice 金融终端。

　　长制造周期的典型例子是波音（BA.N）。飞机的制造周期长，
所以在资产中存货占到 57.3%。其实房地产也属于长周期，除了
建成未售出的房产，拟开发的土地、未完工的房产项目也构成了
房地产公司的存货。在万科（000002.SZ）的资产负债表上，存货
占到 51.9%。而相比之下，比亚迪和长安汽车的存货占资产的比
例明显小了很多。

・ **本章小结** ・

1. 赤字指利润表上的利润是负数，收入抵不上成本，在这种

情况下出现的倒闭叫作赤字倒闭。而黑字倒闭则是利润为正却发生的倒闭，也被称为流动性破产。

2. 经营中被占用的资金包括：

（1）公司自己库里的存货；

（2）客户公司库里的存货（应收账款）；

（3）供应商库里的存货（预付账款）。

3. 从应收账款的角度分析，现金流 = 利润 ± 应收账款余额的变化值。

4. 应收账款余额的变化值受两种因素影响：① 客户付款条件（账期）的变化；② 销售额的变化。

5. 存货的种类包括周转库存、安全库存和多余库存。产品种类的多少和制造周期的长短也影响存货的水平。

• 思 考 题 •

你知道有哪些公司是利润好而现金流差的？房地产公司的现金流好吗？

第十四章

营运资本与 OPM 模式

若现金流不自由，则净利润无意义。

——佚名

一、万科缺钱吗

在上一章，我们得出以下结论：当客户付款条件变差时，或者销售额增长时，会出现黑字倒闭。不过这两个因素是导致破产的充分条件，但不是必要条件。如果可以对供应商推迟付款，就不会出现破产的危机了。

万科的存货确实很多，但是万科并不会因此而资金链断裂。万科的钱从哪来呢？我们观察图 14-1 的右侧的柱状图，它代表了一家公司的各种资金来源。

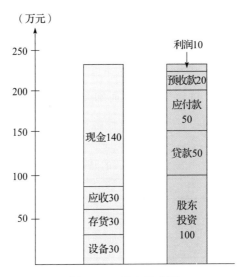

图 14-1 资金的来源

我们在第十一章分析了公司的资金来源：股东、银行、供应商、客户、公司留存的利润。

向股东和银行融资是真正的融资活动，我会在后面几章进行探讨。而来自供应商和客户的融资，属于经营活动中的融资。

这类融资之所以被认为是经营活动中的融资，是因为客户和供应商是正常贸易链条中的上下游企业。这些上下游企业既有可能占用公司的资金，也有可能被公司占用资金。这是一个问题的两个方面。

对于万科这样的公司，主要的经营性融资是来自供应商还是客户呢？对于房地产公司而言，主要的供应商有两类，一类是土地的出售方，另一类是建筑公司。房地产公司再强势，买土地也必须用现金。还好，它可以占用建筑公司的工程款。大多数房地产公司的客户（买房人）一般是自然人。房地产公司对自然人是比较强势的。有买房经验的人都知道，买房要先付款，后收房。如果买的是期房，付款与收房的时间会相差好几年。我们看看万科的数据（见表14-1），看看经营性融资主要来自哪个方面。

表 14-1 万科的融资结构 （%）

项目	占比
应付账款	15
预收款项	33
其他融资	52

资料来源：东方财富 Choice 金融终端。

其预收款项占全部融资的33%，而应付账款只占15%。这说明万科的经营性融资主要来自客户——买房人。

二、营运资本的两种模式

我们分别从资金的占用和来源两个角度分析了经营性资产（占用）与经营性融资（来源），如果把这两方面合在一起，我们就可以更清楚地看出，一家公司在经营活动中，到底是营运资本的净占用方还是净来源方。图 14-2 清楚地体现了这种相对关系：

图 14-2　营运资本（类型一）

这幅图与资产负债表柱状图类似，左边是资产（占用），右边是负债（来源），左减右边就是净营运资本，也就是营运资金需求。

净营运资本 = 预付款项 + 应收账款 + 存货 - 应付账款 - 预收款项

净营运资本的概念和我们一般理解的"资本"的概念不太一样。通常说的资本，指的是资金来源，数字越大越好。而营运资本强调的是占用，如果左边的三项减去右边的两项大于 0，说明"资金的占用大于来源"[⊖]，恰恰反映公司在经营上的资金缺口。这个数字越大，说明公司在经营过程中的资金缺口越大。

我们把图 14-2 中的营运资本模式称为"类型一"。

是否存在一种公司，其营运资本模式正好与图 14-2 相反呢？

这种公司的经营活动中"资金的来源大于占用"，它的经营活动不仅不占用资金，反而可以提供资金。图 14-3 中的模式称为"类型二"。如果净营运资本的公式不变，那么类型二的净营运资

⊖　"资金的占用大于来源"（及后文"资金的来源大于占用"）中的"占用"指营运活动所占用的资金额，"来源"指营运活动所产生 / 筹集的资金额。

本应该是负数。在这里，负数不代表不好，而是代表公司的营运资本为净来源。

图 14-3   营运资本（类型二）

为了分析一家公司的营运资本模式，我们必须同时分析公司的营运资本占用与来源，才能得出正确的结论。万科的存货很多，预收款项也很多，那么万科的营运资本属于类型一还是类型二呢？我们看一下见表 14-2。

表 14-2   万科的营运资本   （单位：元）

项目	金额	项目	金额
应收账款	1 588 739 194.82	预收款项	504 965 379 563.79
预付款项	75 950 895 073.34	应付账款	229 597 382 102.63
存货	750 302 627 438.80		
合计	827 842 261 706.96	合计	734 562 761 666.42

资料来源：万科（000002.SZ）2019 年年报。

万科在经营活动中占用的资金为 8278.4 亿元，其中最主要的是存货；而客户和供应商为万科提供了 7345.6 亿元营运资本，其中以预收款项为主。总的来看，万科依然存在 932.8 亿元的资金缺口，万科的营运资本属于类型一。

对于万科来讲，营运资本缺口需要靠融资活动来解决，比如向股东和银行融资。保持强大的融资能力是日后发展的关键。

波音的营运资本又是什么情况呢，我们看一下表 14-3。

表 14-3　波音的营运资本　　　（单位：美元）

项目	金额	项目	金额
应收账款及票据	12 309 000 000.00	预收款项	51 551 000 000.00
预付款项	—	应付账款及票据	35 070 000 000.00
存货	76 622 000 000.00		
合计	88 931 000 000.00	合计	86 621 000 000.00

资料来源：波音（BA.N）2019 年年报。

我们之前讲过，波音和房地产公司都属于长制造周期的公司。我们看到，波音的营运资本模式和万科非常相似。主要占用营运资本的是存货，以生产环节的半成品为主；而波音在销售飞机时也收取大量的预收款，占用供应商的资金。即便如此，波音的营运资本模式仍然为类型一，营运资本为正。

宇通客车的营运资本模式也属于类型一，具体数据见表 14-4。

表 14-4　宇通客车的营运资本　　　（单位：元）

项目	金额	项目	金额
应收账款	14 102 980 970.52	预收款项	1 837 297 400.55
预付款项	240 663 143.49	应付账款	11 640 042 629.28
存货	4 377 374 126.78		
合计	18 721 018 240.79	合计	13 477 340 029.83

资料来源：宇通客车（600066.SH）2019 年年报。

与前两家公司不同的地方在于，宇通客车主要占用营运资本的是应收账款，而非存货。宇通客车主要生产大客车，用途为企业班车、观光大巴、政府公交车，客户都是大型企业和政府。相对于这些大客户，宇通客车的议价能力不强，因此产生大量的应收账款。

以上三家营运资本模式为类型一的公司，它们的共同点是：

（1）为营运资本的净占用方，供应商和客户的融资并不能完全对冲存货和应收账款占用的资金；

（2）在业务发展的过程中，销售额越大，需要的资金越多。

我们再来看看营运资本模式为类型二的公司。我们先来看看京东的营运资本分析（见表14-5）。

表 14-5　京东的营运资本　　　　（单位：元）

项目	金额	项目	金额
应收账款及票据	6 190 588 000.00	预收款项	16 078 619 000.00
预付款项	4 671 232 000.00	应付账款及票据	90 428 382 000.00
存货	57 932 156 000.00		
合计	68 793 976 000.00	合计	106 507 001 000.00

资料来源：京东（JD.O）2019 年年报。

属于类型二的公司中最为典型的是零售行业的公司。这类公司主要占用营运资本的是存货。2C 的生意只有少量的应收账款，而营运资本的来源主要是对供应商资金的占用。京东储值卡或者是线上已经支付但还没有完成妥投的商品，会形成少量的预收款。总的来讲，"资金的来源大于占用"，京东属于营运资本类型二。

我们注意到存货和应付账款是一件事情的两个方面，那为什么应付账款会明显高于存货呢？因为京东的存货周转天数被控制在 40 天以内，而对供应商的付款周期通常为 60 天左右。如果京东从供应商 A 采购了一件商品，40 天内卖掉，现金回收，再过 20 天才需要支付给供应商，中间出现了 20 天的资金沉淀期。

我们再来看看表 14-6，看一下苹果的营运资本模式。

表 14-6　苹果的营运资本　　（单位：美元）

项目	金额	项目	金额
应收账款及票据	22 926 000 000.00	预收款项	5 522 000 000.00
预付款项	22 878 000 000.00	应付账款及票据	46 236 000 000.00
存货	4 106 000 000.00		
合计	49 910 000 000.00	合计	51 758 000 000.00

资料来源：苹果（AAPL.O）2019 年年报。

"资金的来源大于占用"，属于营运资本类型二。苹果的供应链管理能力非常强大，很多产品的生产都外包，因此存货比较少，应付账款比较多。

以上两家营运资本模式为类型二的公司，它们的共同点是：

（1）为营运资本的净来源方，供应商和客户的融资大于在存货和应收账款上的资金占用；

（2）在业务发展的过程中，销售额越大，经营中的资金来源越多。

所以，我们通常把类型二也称为 OPM 模式（Other People's Money），翻译成中文就是：用别人的钱赚钱！

三、现金流为什么不等于利润

我们在上一章给出了现金流的公式。

现金流 = 利润 - 应收账款的增加值

这个公式只考虑了应收账款，如果把折旧与摊销、应收账款、预付款项存货、应付账款、预收款项等因素都考虑进去，那么新的现金流公式是什么？

	利润
+	折旧与摊销
+/-	应收账款的变动
+/-	预付款项的变动
+/-	存货的变动
+/-	应付账款的变动
+/-	预收款项的变动
=	经营活动现金流

为什么要加折旧与摊销呢？我们在前面讲过稻盛和夫与财务人员较真儿的故事，折旧是非付现成本，会形成资本投资的积累。也可以理解为，计算利润时，减掉了折旧费，但是折旧并没有引起现金的流出，所以，我们把折旧费再加回来。

另外，我们要注意加减号的运用。对于应收账款、预付款项和存货，这些是资产负债表左边的项目，如果这些项目的金额增加，代表占用了更多的资金，用减号；如果这些项目的金额减少，代表占用了更少的资金，应该用加号。

应付账款和预收款项，这些是资产负债表右边的项目，如果这些项目的金额增加，代表占用了更多的别人的资金，用加号；如果这些项目的金额减少，代表减少对别人资金的占用，用减号。

我们用一张图把利润和现金流的这种关系更为清楚地表现出来（见图 14-4）。

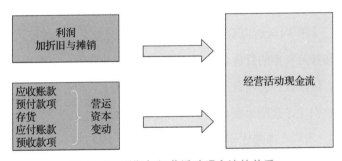

图 14-4 利润与经营活动现金流的关系

从图 14-4，我们可以得出以下结论：

（1）利润与现金流是非对称结构。我们似乎认为利润与现金流是非此即彼的关系，其实现金流与利润是包含与被包含的关系：现金流包含利润。也就是说，利润是因，现金流是果。在提升现金流的策略中，应当首先包含提升利润。抛开利润讨论现金流是没有意义的。牺牲利润提升现金流的做法在大多数情况下也是行不通的。

（2）经营活动现金流受到利润和营运资本的共同影响。现金流指标包含了利润和营运资本的指标，也就是说考核现金流可以达到一石二鸟的效果。只考核利润，容易发生利润指标提升，营运资本变大，从而现金流变差的情况。比如，如果对销售人员仅仅考核销售额及利润，销售人员可以通过放更长的账期达到扩大销售额的目的，而这种做法会导致应收账款变大，现金流受到损害。这就是为什么对销售人员也应该考核应收账款的原因。

（3）所谓现金流经营，就是要缩小现金流与利润之间的差距，让利润尽可能地转化为现金流。因此，现金流也被称为现金利润。从图 14-4 可以看出，如果要缩小利润与现金流的差距，就要做好营运资本的管理：对客户端，管好应收账款；对供应商端，管好应付账款；公司自己的存货要加快周转。

我们用净现比来衡量利润与现金流的关系：

净现比 = 经营活动现金流 ÷ 净利润

表 14-7 列举了美的、海尔和格力的净现比。

表 14-7　美的、海尔和格力的净现比　　　（%）

股票代码	公司名称	净现比
000333.SZ	美的集团	152.7
600690.SH	海尔智家	122.2
000651.SZ	格力电器	112.4

资料来源：东方财富 Choice 金融终端。

这三家家电公司的净现比都在 100% 以上，美的集团的净现比最高，达到了 152.7%，也就是每赚 100 元利润，就可以获得

152.7 元的经营活动现金流,可以说吸金能力超强。净现比反映的是利润转化为现金流的能力。公司在收入增长的前提下,控制好营运资本的规模,有助于提升这个指标。反面例子是,有的公司收入增长 20%,应收账款增长 100%,这种公司的净现比不会太好。

• 本章小结 •

1. 客户和供应商是正常贸易链条中的上下游企业,因此来自客户的预收款和来自供应商的应付账款属于经营活动中的融资。

2. 净营运资本计算公式:净营运资本 = 预付款项 + 应收账款 + 存货 – 应付账款 – 预收款项。经营运资本越大,代表在经营活动中的资金缺口越大。

3. 净营运资本为正的公司属于类型一。类型一公司的特点:

（1）为营运资本的净占用方,供应商和客户的融资并不能完全对冲应收账款和存货占用的资金;

（2）在业务发展的过程中,销售额越大,需要的资金越多。

4. 净营运资本为负的公司属于类型二（OPM）。类型二公司的特点:

（1）为营运资本的净来源方,供应商和客户的融资大于应收账款和存货占用的资金;

（2）在业务发展的过程中,销售额越大,经营中的资金来源越多。

5. 净利润与经营活动现金流的关系：

	利润
+	折旧与摊销
+/−	应收账款的变动
+/−	预付款项的变动
+/−	库存的变动
+/−	应付账款的变动
+/−	预收款项的变动
=	经营活动现金流

6. 现金流包含利润。利润是因，现金流是果。在提升现金流的策略中，应当首先包含提升利润。

7. 经营活动现金流受到利润和营运资本的共同影响。

8. 所谓现金流经营，就是要缩小现金流与利润之间的差距，让利润尽可能地转化为现金流。

• 思 考 题 •

根据营运资本的原理，是不是占用供应商的资金越多对公司越有利？

第十五章

股东的钱与债权人的钱

> 投资没有负债的企业，最让人放心。
>
> ——巴菲特

一、关于融资的 Q&A

上一章，我们讨论了经营性融资的主题。从这一章开始，我们将重点讨论真正的融资活动。根据资金的来源，可以将融资分为两类：① 股权融资；② 债权融资。

股权融资，就是向股东融资，出资方称为股东。债权融资，包括向银行借款和发行债券。前面讲的供应商融资（应付账款）和客户融资（预收款），也属于债权融资，只不过是经营环节中的融资。

如果不考虑经营性融资渠道，到底应该选择股权融资还是债权融资？选择的依据是什么？各有什么利弊呢？

讨论之前，我们先来回答下面这三个问题：

1. 使用股东的资金和银行的资金，哪个成本更高？

2. 一家小超市临时需要100万进货的资金，它应该向股东融资还是向银行借款？

3. 一家创业公司开发一种高科技新产品，开发周期5～10年，不保证一定能够成功，它应该选择向股东融资还是向银行借款？

这三个问题，涉及融资的"三维"特性：成本、期限和风险。我们先从资金需求方来分析。

小超市进货的资金，在货物卖出之后就可以还款，属于期限短的融资；创业公司开发新产品，周期长，而且风险大，涉及风险和期限的维度。如果进一步分析，其实风险和期限是正相关的。期限越长，风险就越大，因为不可控的因素会越多。我们可以把三维中的二维——风险和期限——合并为一个维度：风险。

而风险和资金成本又是什么关系呢？成本就是对风险的定价，风险越高，就需要更高的回报来弥补风险，金融学里把高出正常水平的这部分回报称为风险溢价。我们现在可以把三维并为二维：成本和风险。

从资金的供给方来看，银行借款通常是有一定期限的，而且本金和利息都是由借款合同来保证的，所以风险较小，因此银行借款不会要求太高的风险溢价。在生活中，我们也看到过这样的例子，某借款人的征信记录有瑕疵，银行虽然同意借款，但是贷款利率上浮10%，这就是风险溢价。

股东融资是没有还款期限的，也不保证归还本金，如果公司发生亏损，股东的本金会因此遭受损失。另外，也不保证收益，公司赚钱了可以给股东分红，没赚钱就不用分红。所以股东要求的回报比银行更高。我们之前讨论过，股东要求的回报率取决于股东的机会成本。

我们生活中也有这样的例子。如果有两款理财产品，一款不保本，一款保本，只有当不保本理财产品的收益率高于保本理财产品时，我们才会选择不保本理财产品。另外，如果购买银行理财产品，因为风险低，4%左右的收益率，你也可以接受；如果是购买P2P理财产品，没有10%以上的收益率，你根本都不会考虑。这些都是融资成本与风险匹配的例子。

回到最初的三个问题。

（1）从融资方来看，股权融资比债权融资的成本更高。从出资方来看，股东融资对应的风险高于债权融资，所以要求更高的风险溢价。

（2）小超市融资，期限短，风险小，应该匹配银行借款，成本低。如果使用股东融资，不会给超市造成风险，但是会增加超市的资金成本。原本本来付利息就可以，却要终身分红给股东。

（3）创业公司融资，期限长，风险大，应该匹配股东融资。创业公司的融资成本高（将来分红），但是却获得了稳定的资金。如果创业公司想进行债权融资会怎么样？首先，不会有银行愿意为它融资。银行要求的是固定利率，为创业公司融资承担了风险却无法分享收益，银行不会干赔本的买卖。其次，为了降低融资成本而进行债权融资，如果研发失败，公司会陷入资不抵债的困境，面临破产清算的结局。

二、资金的成本：WACC

我们在公司里经常听老板提到资金成本，那么资金成本是如何计算的呢？资金成本仅仅指公司的借款利息吗？如果公司既有股权融资又有债权融资，又应该如何计算资金成本呢？

下面的讨论有助于我们回答上面的问题。

图 15-1 是一个可视化的资产负债表。

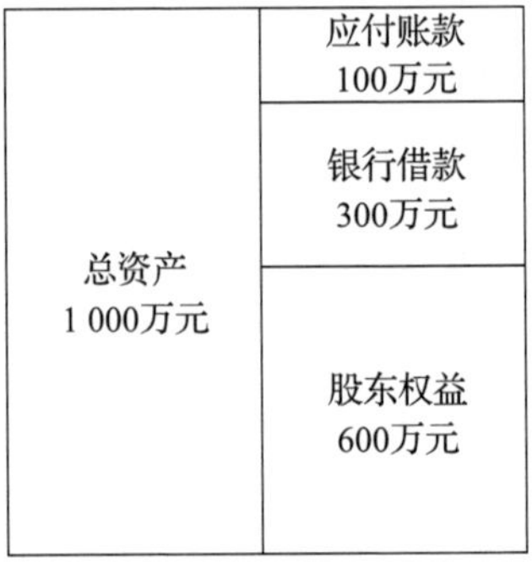

图 15-1　可视化的资产负债表

假设一家公司总资产是 1000 万元，从资金来源来看，供应商融资（应付账款）100 万元，银行借款 300 万元，股东融资（股东权益）600 万元。假设银行的贷款利率是 7%，股东的机会成本是 12%，我们应该如何计算公司的资金成本呢？

我们要计算的资金成本是公司的综合融资成本率，并不单指哪一种融资的成本率。因为每一种资金的占比不一样，所以要用加权平均的算法。

加权平均资本成本（Weighted Average Capital Cost，WACC）：

加权平均资本成本是按各类来源的资本占总资本的权重加权平均计算公司资本成本的方法。资本来源包括普通股、优先股、债券及所有长期债务，计算时将各类资本的成本（税后）乘以其占总资本的比例，然后加总。

加权平均资本成本对应的是有成本的资金的加权平均成本，而应付账款是占用供应商资金的融资，理论上是没有成本的资金，所以并不计算在内。

这样我们就可以计算出案例中的加权平均资本成本：

WACC=（300×7% + 600×12%）÷ 900 = 10.33%

这个 WACC 有什么用呢？简单地讲，以这家公司为例，10.33% 是公司的资金成本线，也是公司做投资的盈利底线，如果公司以 10.33% 的成本获得资金，那么投资任何项目的投资回报率都必须超过 10.33% 才有利可图。这个比率可以指导公司的投资。

比如该公司要收购另外一家公司，或者投资一个新工厂，在判断是否满足投资回报率要求时都是以 WACC 为基准的。公司要购买新机器设备，也要用 WACC 来判断是否可以满足投资回报率的最低要求。WACC 也可以用到内部考核上，我们在后面的章节中会详细讨论这个主题。

三、乐视网的破产之路

根据乐视网的资产负债表，我们生成了表 15-1。

表 15-1　乐视网的融资结构分析（2015-12-31）

（金额单位：亿元）

负债明细	短期借款	17
	担保借款（长期）	3
	债券	19
	股东无息借款	34
	其他负债	58
总负债		131
股东权益		38
总资产		169
资产负债率		78%

资料来源：乐视网（300104.SZ）2015 年年报。

从表 15-1 可以看出，乐视网的资产负债率为 78%，意味着乐视网的资产中有 78% 都是来自债权融资，只有 22% 来自股权融资。债务中有短期借款，也有长期借款；有银行借款，也有发行的债券，还有股东无偿借给公司的无息借款。

对于乐视网，这种融资结构合理吗？表 15-1 如果来自一家连锁超市的资产负债表，我觉得一点问题也没有。超市的盈利模式是成熟的，在扩张时可以大量使用银行贷款，相对于股权而言成本低。而债权融资的期限固定，到期要还本付息，新开的超市赚来的利润可以用来还银行贷款。但一种新兴的业务模式短期内不可能盈利，显然不能借银行的钱进行扩张，因为不确定是否有足够的利润来偿还贷款。这样的公司应该尽可能多地利用股权融资，因为股东的资金是长期稳定的资金，虽然成本有点高。

那么乐视网的盈利模式已经成熟到可以大量使用债权融资吗？虽然乐视网的年报显示它已经开始盈利，2014 年和 2015 年的净利润分别为 1.3 亿元和 2.1 亿元，但乐视网是视频网站公司，面对的风险和挑战是不确定的。随着视频网站竞争的加剧，乐视网继续盈利的可能性有多少？事实证明这些问题最终导致了乐视网的破产。

过度依赖债权融资对于乐视网当时的模式是不适合的。那么类似的视频网站又是什么样的融资结构呢？优酷土豆和乐视网比较接近。我们可以看一下优酷土豆 2014 年报（由于私有化，2015年报没有披露，见表 15-2）。

表 15-2　优酷土豆的融资结构分析（2014-12-31）

（金额单位：亿元）

流动负债	27.7
长期负债	2.2
股东权益	140
总资产	170
资产负债率	18%

资料来源：优酷土豆（YOKU.N）2014 年年报。

从表 15-2 可以看出，优酷土豆的资产负债率只有 18%，即主要依赖股东融资。长期稳定的资金来源可以支持优酷土豆当时的业务模式，即便主业不能马上盈利，也不至于出现偿债危机。

以 2015 年乐视网的财务数据来看，大量的债权融资造成了日后的风险。

我们把乐视网和优酷土豆做一个对比。以这两家公司 2014 年的经营活动现金流来看，如果要还清公司现有的流动负债（欠供应商的货款），乐视网需要 8.5 年，而优酷土豆只需要 3.8 年。如果要还清公司当时的所有负债（包括短期负债和长期负债），乐视网需要 15.1 年，优酷土豆只需要 4.1 年。（苹果的这两个数字分别是 1 年和 2 年）。

乐视网破产的轨迹应该是这样的：现有业务的现金流不足以还贷，于是需要不断借新债还旧债。在资产负债率高企的情况下，进一步借债的风险也会提高。当时乐视网的债务结构已经不是很健康：

（1）大量用短期借款，而且短期借款中大部分是由第三方担保的借款（这个第三方是贾跃亭本人及其旗下公司）；

（2）长期借款也是担保借款；

（3）不仅有银行借款，还发行了 19 亿元债券；

（4）还有股东无偿借给公司的无息借款 34 亿元（来自贾跃亭在股市高位套现得到的现金，后来不久就偿还给贾跃亭）。

乐视网的破产是不可避免的，最主要的原因就是融资结构与业务模式不匹配。

　　以当时乐视网的业务模式，最好的融资方案是：在股市增发股票，获得股东的投资，期限长、风险小。唯一的缺点就是成本高，不过这是新业务模式在高速发展时的必经之路。

• 本章小结 •

1. 根据资金的来源，融资可分为两类：① 股权融资；② 债权融资。

2. 融资的"三维"特征：成本、期限和风险。期限越长，风险越大，因此期限和风险可以合并为一个维度：风险。

3. 从融资方来看，股权融资比债权融资的成本更高。从出资方来看，股东融资对应的风险高于债权融资，所以要求更高的风险溢价。

4. 加权平均资本成本（Weighted Average Capital Cost，WACC）：加权平均资本成本是按各类来源的资本占总资本的权重加权平均计算公司资本成本的方法。资本来源包括普通股、优先股、债券及所有长期债务，计算时将各类资本的成本（税后）乘以其占总资本的比例，然后加总。

5. 乐视网的破产是不可避免的，最主要的原因就是融资结构与业务模式不匹配。

• 思 考 题 •

你知道哪些公司的融资结构与其业务发展阶段不匹配？

第十六章

短债长投的风险

成功所必需的管理素质包括：① 对现金流的管理；② 对系统的管理；③ 对人员的管理。

——《富爸爸穷爸爸》

一、是否可以刷信用卡买房

假设你有一张额度为 1000 万元的信用卡，你是不是可以刷信用卡买婚房？这个问题包括两个重点：① 信用卡欠款一般都是每个月要还的，即便分期也不可能超过 3 年；② 婚房是用来长期居住的，下个月要还款的时候，不能把房子卖掉还账。

　　估计没有人会刷信用卡买房，但是有人通过消费贷把钱套出来买房。这种情形基本都是出现在房价快速上涨的时候，因为消费贷的贷款期限短，与房子的使用期限不一致。这些人这样做的目的不是长期持有房产，而是低买高卖，获取差价。从这个角度来看，期限倒是一致，但是这种做法一方面是国家法律法规所不允许的，另一方面它的前提是房价必须快速上涨。一旦房价涨速变缓或者下跌，就会出现因房屋无法变现或者亏损变现而导致资不抵债的风险。

　　上面的例子告诉我们，资金的融资期限与使用期限要匹配，长期投资需要用长期稳定的资金，短期投资可以用短期的资金。如果用短期的资金去做长期的投资，就属于短债长投。

　　上一章分析的乐视网的资金使用也属于期限错配。因为银行贷款的期限相对较短，而乐视网借钱去做的投资又相对风险高、期限长，如此必然会出现问题。

二、短债长投到底是怎么回事

先说一个数据，32.9% 的 A 股上市公司都存在短债长投的现象。

下面，我们来具体分析一下短债长投。图 16-1 是资产负债表的示意图。

图 16-1　资产负债表的示意图

上图与标准资产负债表不同的地方有以下几项。

（1）在资产方，我们把现金从标准资产负债表的流动资产中拿出来单独作为一个项目，而流动资产就是标准资产负债表中的流动资产减去现金之后剩余的部分。

（2）在负债方（资金来源方），我们把短期借款从流动负债中拿出来单独作为一个项目，流动负债就是标准资产负债表中的流动负债减去短期借款之后剩余的部分。

（3）资产方按照资金的使用时间长短分成了三类："现金"是闲置的资金，没有具体的用途，可以随时调用；应收账款和存货，构成了"流动资产"，是短期资金占用，一般不超过一年；固定资产和无形资产，构成了"非流动资产"，是长期资金占用。

（4）负债方（资金的来源方）按照资金可以被使用的时间长短也分成了三类："短期借款"是随时要还的资金；预收款项与应付账款构成了流动负债，是客户和供应商给公司的融资，是短期资金来源，通常不会超过一年；我们把长期银行借款和股东的投资称为"非流动负债"，属于长期资金来源，而事实上股东的钱是不用还的。

图 16-1 中左边与右边的比例结构代表的是正常没有风险的企业：长期资金来源能够满足长期资金使用的需求，而短期资金来源也能与短期资金使用大体相等；现金的部分可以满足业务的需求和随时偿还短期借款的需求。

那么，短债长投的公司会有什么样的具体表现呢？

短债长投的第一种表现是现金小于短期借款（见图 16-2）。

在图 16-2 中，短期借款大于现金。这里要说明一下净现金的概念：净现金 = 货币资金 − 受限制现金 − 短期借款。图 16-2 中的净现金为负，这意味着如果银行让公司还短期借款，其账上的现金是不够的。这就造成了偿债风险。

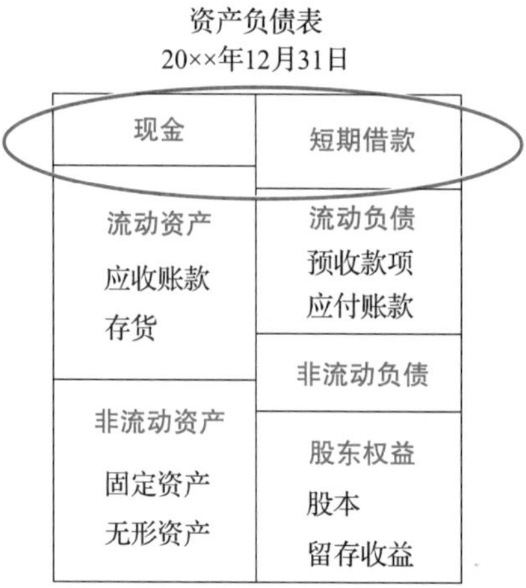

资产负债表
20××年12月31日

图 16-2 短债长投：现金小于短期借款

这种情况在 A 股上市公司中很常见。短期借款利率低，长期借款利率高，很多公司为了降低融资成本，借入短期贷款用来做长期投资，这为公司的发展埋下了隐患。

表 16-1 中的数据取自 A 股某上市公司的资产负债表。

表 16-1 A 股某上市公司的资产负债表（节选）

（单位：元）

项目	2018 年	2017 年	2016 年
货币资金	1 174 662 844.29	1 661 881 482.65	1 284 875 956.50
短期借款	2 091 927 731.25	1 411 597 136.78	1 444 209 405.46
净现金	−917 264 886.96	250 284 345.87	−159 333 448.96

资料来源：东方财富 Choice 金融终端。

2016 年和 2018 年，该公司的短期借款都大于货币资金，净现金为负。

还要注意受限制现金。2016 年底乐视网的资产负债表上有 37 亿元现金，短期借款有 26 亿元，似乎净现金为正，但如果我们看乐视网的报表附注就可以发现，在这 37 亿元现金中有 22 亿元的受限制现金。表 16-2 是乐视网年报中关于受限制现金的明细。

表 16-2 乐视网的受限制现金 （单位：元）

项目	期末账面价值	受限原因
货币资金	55 565 202.02	银行承兑汇票保证金
货币资金	2 127 500 000.00	TCL 股权并购项目保证金
货币资金	1 200 000.00	保函保证金
货币资金	24 307 102.45	账户冻结
合计	2 208 572 304.47	—

资料来源：乐视网（300104.SZ）2016 年年报。

这 22 亿元的受限制现金，主要是 TCL 股权并购项目保证金。如果减去受限制现金，乐视网可动用的现金只有 15 亿元，不够偿还短期借款，所以净现金应为负。

短债长投的第二种表现是流动资产小于流动负债（见图 16-3）。

如果流动负债大于流动资产，就意味着短期的资金除了用于满足流动资产的资金需求，还有一部分被用到了长期的项目上，这就形成了短债长投。

我们在第十四章讲到的营运资本类型二（OPM 模式），就是预收款项和应付账款大于应收账款和存货。如果从资金使用与来源的角度来分析，这也属于短债长投的一种，会给公司带来风险。而我们在分析营运资本时，认为类型二的公司的营运资本不仅不占用资金，还可以给公司提供资金来源，对于公司来说应该是一种有利的安排，这两个结论似乎互相矛盾。

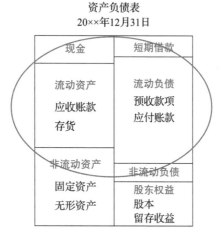

图 16-3　短债长投：流动资产小于流动负债

其实，任何一种模式都有它的利弊，所谓的优势和劣势也是相对而言的，优势很可能也是双刃剑，劣势也不见得就是绝对的差。OPM 模式的最大优点是在经营当中获得更多的资金，而这些资金来自上下游，比银行借款和股东投资的成本更低。但是，这种资金的规模如果超过了经营的需求（应收账款和存货），多余的资金一定会进入非经营活动，比如购买固定资产，这样就会发生融资期限与使用期限不匹配的问题。

这种模式不会必然导致财务风险。很多上市公司（如京东、苹果）都采用这种模式，也不一定有风险。如果公司的业务规模一直扩大，总有源源不断的销售收入流入公司，足以支付到期的应付账款，就不会产生风险；但是，如果销售收入锐减，新增的收入不足以支付应付账款，而已经投入固定资产中的资金又无法立刻变现，在这种情况下短债长投会带来致命的流动性风险，引起黑字倒闭。

我们都无法准确预测公司销售收入的发展趋势（是增长还是下降，增长多少，下降多少），所以应该避免短债长投的财务结构。当然，如果公司管理层对于未来收入的增长非常有信心，也可以采取激进的 OPM 模式，在获取超额收益的同时承担更大的风险。

三、万科与万达，谁的资产负债率更高

万科（000002.SZ）与万达（03699.HK）都属于房地产行业，但是这两家房地产公司的业务模式又有区别。万科主要做住宅商品房开发与销售，而万达主要是商业地产开发与出租，万达广场是其旗下的标志性物业。这两种模式从资金使用和资金来源看，有什么区别呢？

图 16-4 是万科的资产负债表（2019 年）示意图。万科的主要资产是存货，包括拟开发土地、在建商品房和建成商品房，这些都是流动资产。一般房地产开发的周期比较长，存货的持有期会超过 1 年，大约三四年。但是，这些存货还是属于在一个经营循环内可以变现的资产，所以仍属于流动资产。相比之下，万科非流动资产的占比极小，主要是公司自己的固定资产、办公楼和少量的投资性房地产。

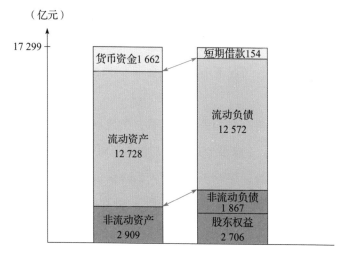

图 16-4   万科的资产负债表（2019 年）示意图

资料来源：万科（000002.SZ）2019 年年报。

　　针对这样的资产结构，从图 16-4 的右半边可以看出，万科主要的融资渠道是流动负债。流动负债的融资期限短，但正好可以匹配短期资金使用——存货，这种操作的优点是成本低。具体来看，2019 年万科的流动资产高达 12 728 亿元，而与之对应的流动负债为 12 572 亿元，大体相当。流动负债的主要构成是预收款项和应付账款，这些资金的融资成本几乎为 0。少量的非流动资产 2909 亿元则由长期负债和股东投资（1867 + 2706 = 4573 亿元）来供给，期限匹配，虽然资金成本高，但这是非流动资产必要的资金来源。

　　从整体上看，万科的资产负债表符合我们讲的资金的使用期限与融资期限相匹配的原则，不存在短债长投的风险。

图 16-5 是 2015 年万达退市前的资产负债表示意图。

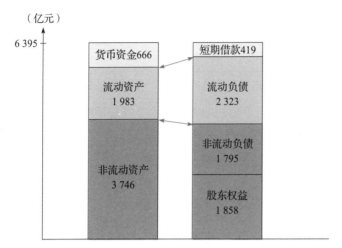

图 16-5　万达的资产负债表（2015 年）示意图

资料来源：万达（03699.HK）2015 年年报。

从上图可以明显看出，万达的资产构成与万科这类商品房开发与销售公司有显著区别：万达的资产以非流动资产为主，高达 3746 亿元，主要就是购物中心和酒店，其靠租金收入回收投资，因此持有及变现的周期非常长。

针对这样的资产结构，必定需要匹配期限长的融资方式。从图 16-5 可以看出，长期负债和股东投资（股东权益）之和为 1795 + 1858 = 3653 亿元，与 3746 亿元大体相当，流动资产与流动负债也大体相当。

从总体上看，万达虽然与万科的业务模式不一样，但是资金的使用期限与融资期限都是匹配的，不存在短债长投的财务风险。

从资产负债率来看，万达这类商业地产公司更倾向于用长期的资金来源，其最稳定的资金来源就是股权融资，因此，商业地产公司的资产负债率偏低，即较少用债权融资，更多用股权融资。

而万科、碧桂园这类地产公司，由于都是持有高周转率的地产项目，倾向于用中短期的资金，主要就是债权融资，这会使资产负债率偏高，从而降低公司的综合融资成本。

四、长债短投对公司的影响

如果说短债长投会带来风险，那么长债短投对公司又有什么影响呢？我们看一下图 16-6。

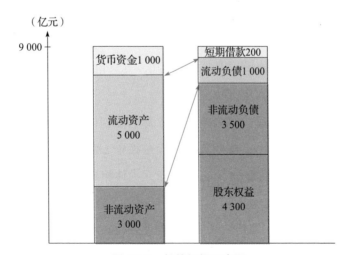

图 16-6 长债短投示意图

图 16-6 中的这家公司，其长期资金不仅流向了非流动资产，也流向了流动资产。这种匹配关系会给该公司造成什么影响呢？这样的公司就是属于第十四章里营运资本类型一的公司：长期资金一般成本高，过多使用会增加公司的融资成本，降低盈利能力。

还记得我们在第十二章讲的苹果的股票回购吗？当时的苹果就是长债短投的财务结构：资产负债表右边是大量的股权投资和未分配利润，但是资产负债表的左边是大量的现金及现金等价物。将稳定且高成本的股权资金投给低收益的现金资产，这也是一种资金错配，会导致融资成本增加，从而降低苹果的盈利能力。这样就不难理解为什么苹果要回购股票了。

• 本章小结 •

1. 资金的融资期限与使用期限要匹配，长期投资需要用长期稳定的资金，短期投资可以用短期的资金。如果用短期的资金去支持长期的投资，这就是短债长投。

2. 短债长投的两种表现：① 净现金为负数；② 流动资产小于流动负债。

3. OPM 模式的优点是使公司在经营当中获得更多的资金，与银行借款和股东投资相比，其成本更低。如果多余的资金进入非经营活动，比如购买固定资产，就会发生融资期限与使用期限不匹配的问题，造成短债长投。

4. 商业地产公司更倾向于用股权融资，因此商业地产公司的资产负债率偏低；而商品房开发与销售公司倾向于用中短期的资金，主要是债权融资，这使得它们的资产负债率偏高。

5. 长债短投也是一种资金错配，会导致融资成本增加，降低公司的盈利能力。

• 思 考 题 •

如果取消了商品房预售制度，房地产公司的融资成本会如何变化？其对房地产价格的影响又是什么？

第十七章

财务杠杆的利与弊

财务杠杆会让人上瘾，一旦利用财务杠杆获得了高额利润，就极少有人会再采用非常保守的负债比。

——巴菲特

一、什么是财务杠杆

这是我们在这本书里第一次提到杠杆。在这里，我们要讨论的是"财务杠杆"，在后面的章节里我们还会讨论"经营杠杆"。

财务这个词很有意思，它的词义范围可小可大。我们通常说的财务管理中的"财务"是广义的财务，而财务杠杆中的"财务"，是狭义的财务，特指融资。因此财务杠杆也被称为融资杠杆，指的是公司的融资结构，即股权融资和债权融资的比例。

举个例子，如果我想投资，投资标的总价是 500 万元。假设我只有 100 万元，需要向银行借 400 万元。这个时候我的财务杠杆倍数等于 500 万元 ÷100 万元 = 5 倍。如果现在银行要求，我必须至少支付总价的 50%，那么我就要自己出 250 万元，向银行借 250 万元。这个时候我的财务杠杆倍数等于 500 万元 ÷250 万元 = 2 倍。你看，财务杠杆倍数从 5 倍降到了 2 倍。这就是所谓的"去杠杆"。

如果投资款全部是自有资金，没有贷款，这个时候的财务杠杆倍数为 1 倍。假设所有投资人手中的钱加起来是一定的，比如 1 亿元，如果财务杠杆倍数是 5 倍，则可以产生 5 亿元的交易需求；但是如果财务杠杆倍数降为 2 倍，同样是 1 亿元，只能产生

2亿元的交易需求；如果不可以贷款，财务杠杆倍数降为1倍，1亿元的资金只能产生1亿元的交易需求。这样就抑制了投资需求，进而也抑制了投资标的价格上涨。

二、财务杠杆的益处

如果一年以后该标的升值20%，价值为600万元，而银行的贷款年利率为10%，1年以后卖掉该标的还掉银行贷款，投资项目结束。我们看看在以下三种假设下，我的投资回报率（不考虑税费）。

三种假设：

（1）财务杠杆倍数为5倍，我投资100万元，向银行借款400万元；

（2）财务杠杆倍数为2倍，我投资250万元，向银行借款250万元；

（3）财务杠杆倍数为1倍，我和朋友各投资250万元，收益平均分配。

在第一种假设下，1年后该标的出售的价格为600万元。首先向银行还本付息，400万元本金加40万元利息（400万元 × 10%）。剩下160万元全部归我。我的投资回报率 =（160 - 100）÷ 100 = 60%。

该标的才升值20%，可是股东（我）却获得了60%的收益。

在第二种假设下，1年后该标的出售的价格依然为600万元。首先向银行还本付息，250万元本金加上25万元利息（250

万元 × 10%），剩下的 325 万元全归我。我的投资回报率 =（325 – 250）÷ 250 = 30%。在该标的升值 20% 的情况下，我依然获得了更高的回报率。

在第三种假设下，我和朋友都是投资人，平分收益，600 万元的投资款，一人一半，每个人的投资回报率都是（300 – 250）÷ 250 = 20%，和该标的价格上涨的幅度相等。

至此，我们可以总结一下。在相同的市场条件下，即总投资回报率（投资标的价格上涨比例）都是 20%，随着财务杠杆倍数的增大，股东（我）获得的回报率也越来越大，从 20% 上升到 60%（见表 17-1）。

表 17-1　财务杠杆与回报率（投资标的价格上涨 20%）

（金额单位：万元）

序号	股东：银行	总投资回报率	股东回报率
1	100：400	20%	60%
2	250：250	20%	30%
3	500：0	20%	20%

为什么会出现这种情况呢？股东权益也被称为"剩余索取权"。我们注意到，在第一、二种假设下，我们都是先给银行还本付息，剩下的才是股东的。究其根本，股东可以获得超出市场水平的收益，就是因为市场的平均投资回报率高于银行贷款利率。相当于股东"剥削"了银行，占有了银行的剩余价值。财务杠杆倍数越高，"剥削"银行带来的剩余价值越大。

所以，负债不一定是坏事，在高投资回报率的情况下，财务杠杆可以帮助股东放大收益。债务少而股东权益多的公司，相当于第三种假设的情况（合伙投资），即使投资标的升值了，其收益也要股东一起分，通常人们认为股权融资成本高，就是这个道理。

三、财务杠杆的风险

财务杠杆可以帮股东放大收益。很多公司不考虑资产结构的需求而盲目放大财务杠杆，就是为了追求收益的放大。前面分析的乐视网也是滥用财务杠杆的例子。

凡事必有两面。所谓风险是指未来的不确定性。如果未来是确定的，比如投资标的价格一定会上涨20%，放大杠杆并没有错，甚至是最佳的财务安排。但是如果投资标的价格下降了呢？回到前面的投资案例，假设投资标的价格在一年后下降10%，上面三种假设下股东的投资回报率会如何变化呢？

在第一种假设下，1年后投资标的的出售价格为450万元，先向银行还本付息，400万元本金加40万元利息（400万元×10%），只剩下10万元归我。我的投资回报率＝（10－100）÷100＝－90%。

投资标的降价10%，可是股东（我）却损失90%，远远高于市场平均降价水平。

在第二种假设下，1年后投资标的的出售价格依然为450万元，先向银行还本付息，250万元本金加上25万元利息（250万元×10%），剩下的175万元归我。我的投资回报率＝（175－250）÷250＝－30%。在投资标的价格下降10%的情况下，我的损失为

30%，高于市场的平均降价水平。

在第三种假设下，我和朋友都是投资人，大家一起承担这个损失，450 万元的投资款，每人分得 225 万元，每个人的投资回报率都是（225－250）÷250＝–10%，和投资标的价格下降的比例相等。

我们把上述三种情况汇总到表 17-2 中。

表 17-2　财务杠杆与回报率（投资标的价格下降 10%）

（金额单位：万元）

序号	股东：银行	总投资回报率	股东投资回报率
1	100：400	–10%	–90%
2	250：250	–10%	–30%
3	500：0	–10%	–10%

让我们总结一下，随着财务杠杆倍数的增大，股东的损失从 –10% 到 –90%，也在逐渐放大。

如果顺着这个主题再深入探讨，是不是只有投资标的价格下降才引起股东损失的放大？我们假设一下，投资标的价格并没有下降，只是涨得没有预期那么高，比如只上涨了 5%，这种情况下，股东的投资回报率是正的还是负的？

我们省去中间具体的分析过程，只把结果汇总到表 17-3 中。

表 17-3　财务杠杆与回报率（投资标的价格上涨 5%）

（金额单位：万元）

序号	股东：银行	总投资回报率	股东投资回报率
1	100：400	5%	–15%
2	250：250	5%	0%
3	500：0	5%	5%

同样，在第三种假设下，股东投资回报率永远等于市场的价格变动比例。不论是收益还是损失都没有被放大。在第一种假设下，即便投资标的价格是上涨的，股东的回报率是 –15%；在第二种假设下，股东也仅仅是保住本金而已，并没有分享到投资标的价格上涨的好处，原因就是收益全都给了银行，股东什么也没剩下。即便市场平均投资回报率是正的，财务杠杆也并不一定会帮助股东放大收益。

到底什么情况下财务杠杆才可以帮助股东放大收益呢？我们再假设一下，如果市场价格的上涨比率等于银行贷款利率 10%，这个时候股东的投资回报率又如何变化呢？

如表 17-4 所示，如果市场的投资回报率等于银行贷款利率，不论是否有杠杆，股东的投资回报率都等于市场的投资回报率。

表 17-4　财务杠杆与回报率（投资标的价格上涨 10%）

（金额单位：万元）

序号	股东：银行	总投资回报率	股东投资回报率
1	100：400	10%	10%
2	250：250	10%	10%
3	500：0	10%	10%

分析了这么多，我们可以得出以下结论：

（1）债权融资可以提高股东的投资回报率，但是会加大风险；

（2）股权融资可以对冲风险，却不能放大收益；

（3）财务杠杆可以放大股东的投资回报率的前提是资产回报率高于银行贷款的利率。

一句话，比财务杠杆更重要的是盈利能力，杠杆只是"锦"上添的"花"。

四、利润表的缺陷与税盾效应

先谈谈利润表的缺陷。为什么会有缺陷呢？我们来看一张利润表（见表 17-5）。

表 17-5　利润表　　　　（单位：万元）

销售收入	Revenue	1 000
销售成本	COS	800
毛利润	Gross Profit	200
销售费用	Sales&Marketing Exp.	50
管理费用	G&A Expense	30
财务费用	Financial Result	10
营业利润	Operating Profit	110
营业外收入	Gain	15
营业外支出	Loss	25
税前利润	Profit Before Tax	100
所得税	Income Tax	25
税后净利润	Net Profit	75

表中的财务费用指的是借款的利息。这里的"财务"依然代表狭义的"融资"，财务费用就是融资费用。我们之前讲过融资分为股权融资和债权融资。股东分红也属于融资成本，却没有出现在利润表中的财务费用里，这是什么原因呢？

给股东分红用的是税后利润,而贷款利息在计算公司所得税时却可以进行税前抵扣。现在通用的利润表是站在计算税务机构认可的利润的角度来进行汇报的,我们管税务机构认可的这种利润叫"会计利润"。而站在股东的角度来看,股东分红甚至股东的机会成本都应该在计算利润时予以扣除,这样才能知道公司的真正盈利水平。事实上,这种利润对股东更有意义,我们称这种利润为"经济利润"。(关于资金成本与经济利润,我们会在后面的章节深入探讨。)这就是为什么我认为目前通用的利润表存在缺陷。

所谓的税盾效应,也是基于这样一个事实:利息费用可以税前抵扣,会减少公司的税前利润,这样公司可以缴纳较少的公司所得税;而股东分红不可以税前抵扣,对税前利润没有影响。我们用一个案例来说明这个现象(见表 17-6)。

表 17-6 股权融资与债权融资对利润的影响

(单位:万元)

项目	融资前	融资 100 万元	
	基本情况	股权融资	债权融资
营业收入	1 000	1 000	1 000
营业成本	600	600	600
销售及管理费用	200	200	200
利息费用	—	—	10
税前利润	200	200	190
所得税	50	50	47
税后净利润	150	150	142

表 17-6 是一家公司的简化利润表。"基本情况"这一列代表的是企业融资之前的利润表，税前利润为 200 万元，按 25% 的所得税率计算，扣掉 50 万元，税后净利润为 150 万元。

现在公司需要融资 100 万元，后面两列代表的是融资之后的资产负债表。如果是向股东融资，不论是否分红都不会产生财务费用，因此税前利润不变，依然是 200 万元，对应 50 万元所得税和 150 万元税后利润。

如果这 100 万元是银行贷款，利率为 10%，它对于公司报表的影响就完全不一样。贷款利息 10 万元可以从利润里抵扣，所以公司的税前利润就是 190 万元，减去 25% 的所得税 47.5 万元，税后利润就是 142.5 万元。

对于这家公司来讲，不同的融资方式造成了所得税金额的不同和税后净利润的不同。这就是所谓债权融资的"税盾效应"。考虑到税收影响，公司的经营者更愿意选择债权融资。这也符合前面讲的融资顺位理论。

• 本章小结 •

1. 财务杠杆也被称为融资杠杆，指的是公司的融资结构，即股权融资和债权融资的比例。

2. 债权融资可以提高股东的投资回报率，但是会加大风险；股权融资可以对冲风险，却不能放大收益。

3. 财务杠杆可以放大股东的投资回报率的前提是资产回报率大于银行贷款的利率。

4. 其他条件相同的情况下，债权融资（相对于股权融资）可以降低公司所得税的金额，这就是所谓债权融资的"税盾效应"。

—————•　思　考　题　•—————

是否存在最优的资产负债率? 家庭的最优资产负债率应该是多少?

第十八章

房地产公司的负债率高估

> 现金流、公司负债的百分比是我一贯最注意的环节，是任何公司的重要健康指标。任何发展中的业务，一定要让业绩达致正数的现金流。
>
> ——李嘉诚

一、资产负债率的公式

我们通常认为资产负债率代表公司的风险。我们先看一组数据。

表 18-1 是 2019 年 A 股上市公司中部分行业的资产负债率。如果按照资产负债率从高到低的顺序排下来，房地产行业的资产

负债率是最高的，高达 79%。这个 79% 是什么意思呢？

表 18-1 部分行业资产负债率（2019 年）　　（%）

行业	资产负债率
房地产	79
电力及公用事业	63
家电	61
汽车	60
商贸零售	59
交通运输	58
通信	52
电子元器件	51
计算机	45
医药	45
餐饮旅游	44
传媒	39
食品饮料	35

资料来源：东方财富 Choice 金融终端。

资产负债率公式如下：

资产负债率 ＝ 负债 ÷ 总资产

按照资产负债率公式，房地产公司每 100 元的资产中，有 79 元都是借来的，另外 21 元是股东投资。而借来的钱是需要还的，借钱越多，还钱的压力越大；股东的钱不用还。这是大家认为资产负债率高会导致风险高的原因。我们以万科为例，2019 年，万科的资产负债率是 84%。

但是，房地产公司的资产负债率高真的是因为房地产公司借了很多钱吗？

二、三种不同的负债率

为了搞清楚上面的问题，我们先分解一下负债的概念。公司的负债分为两种，一种是经营性负债，一种是金融负债。

经营性负债就是我们在前面讲的经营性融资，比如对供应商的应付账款、收到客户的预收款等。预收款现在统一称为合同负债。应付票据也属于经营性负债，性质和应付账款类似，只不过给了供应商一张商业汇票。金融负债包括银行贷款、公司发行债券等。具体如表 18-2 所示。

表 18-2   金融负债与经营性负债

金融负债	经营性负债
短期借款	预收款项（合同负债）
长期借款	应付账款（及应付票据）
应付债券	应付职工薪酬

对于房地产公司来讲，在资金来源中经营性负债要比金融负债的比例更高。而房地产公司的经营性负债又是以预收款为主，所以如果以资产负债率来衡量房地产公司的财务风险似乎并不能准确揭示房地产公司的风险。

从财务风险的角度出发，我们更关心金融负债在房地产公司资金来源中的比例。应付账款和预收款项虽然属于负债，但是不用付利息。金融负债不论是银行贷款还是公司发行的债券，通常都是要支付利息的。所以我们引入一个新的负债率：资产有息负债率。

资产有息负债率 = 有息负债 ÷ 总资产

资产有息负债率是对资产负债率的一种修正，对于房地产行业比较适合。在这个公式的分子中，已经不包含预收款项和应付账款这种经营性负债，只包含金融负债，可以更好地衡量房地产公司真正的偿债风险。

按照这个公式，我们可以计算一下万科的资产有息负债率。

我把万科 2018 年和 2019 年的资产负债表简化为表 18-3。

表 18-3　万科简化的资产负债表　　（单位：元）

	2019 年	2018 年
货币资金	166 194 595 726.42	188 417 446 836.14
流动资产的剩余部分	1 272 794 758 826.56	1 106 654 409 456.23
非流动资产合计	290 940 095 848.25	233 507 500 182.44
资产总计	**1 729 929 450 401.23**	**1 528 579 356 474.81**
短期借款	15 365 231 785.08	10 101 917 384.71
一年内到期的非流动负债	80 646 217 975.53	69 092 413 016.12
长期借款	114 319 778 454.74	120 929 055 439.40
应付债券	49 645 512 945.07	47 095 145 785.83
负债的剩余部分	1 199 373 593 827.85	1 045 740 094 851.17
负债合计	1 459 350 334 988.27	1 292 958 626 477.23
股东权益合计	270 579 115 412.96	235 620 729 997.58
负债和所有者权益总计	**1 729 929 450 401.23**	**1 528 579 356 474.81**

资料来源：万科（000002.SZ）2019 年年报。

在万科的资产负债表中，哪些是金融负债呢？短期借款、长期借款，还有应付债券。另外，还有一项一年内到期的非流动负债，这又是什么呢？让我们看看万科年报中对于这个项目的披露，详见表 18-4。

表 18-4　万科一年内到期的非流动负债分类

（单位：元）

	附注	2019 年 12 月 31 日	2018 年 12 月 31 日
一年内到期的长期借款	五、32	66 099 821 598.89	59 035 005 352.27
一年内到期的应付债券	五、33	11 980 493 242.71	10 057 407 663.85
一年内到期的租赁负债	五、17	1 425 644 124.83	—
一年内到期的应付利息		1 140 259 009.10	1 345 832 482.08
合计		80 646 217 975.53	70 438 245 498.20

资料来源：万科（000002.SZ）2019 年年报。

在资产负债表的分类中，流动负债（短期）和非流动负债（长期）的界限是一年。大于一年的就是非流动负债。不过，假如万科有一笔五年期的银行贷款，过了四年之后，这笔贷款也要从非流动负债转入流动负债。这里除了一年内到期的租赁负债不属于金融负债，其他都属于金融负债。不过租赁负债的金额很小，可以忽略不计。

万科 2019 年的有息负债为：短期借款 154 亿元，一年内到期的非流动负债 806 亿元，长期借款 1143 亿元，应付债券 496 亿元，总计 2599 亿元。

资产有息负债率 = 2599 亿元 ÷ 17 299 亿元 = 15%

万科的资产负债率为 84%，而资产有息负债率仅为 15%，两个数字相差悬殊。不能说哪个比率更合适，它们只是对万科负债率的不同方面的描述。如果仅仅因为资产负债率为 84% 而断定万科的财务风险高未免高估了风险。

假设我有 50 万元现金，刚刚向银行借了 50 万元，我的总资产是 100 万元，这个时候我的资产负债率是 50%，资产有息负债率也是 50%。如果这笔 50 万元借款还没有花，实际上我也不存在偿债风险。看来，资产有息负债率也并不一定能准确反映一家公司的偿债风险。

下面我们引入第三个负债率：净负债率。净负债率是对资产有息负债率的修正。

净负债率 =（有息负债 - 货币资金）÷ 总资产

万科的货币资金是 1662 亿元。我们来计算一下万科的净负债率。

（2599 - 1662）÷ 17 299 = 5%。和刚才的资产有息负债率相比，又小了很多。为了让大家看得更清楚，我们把万科的三个负债率汇总一下（见表 18-5）。

表 18-5　万科地产的三种负债率　　　　　　　（%）

项目	2019 年	2018 年
资产负债率	84	85
资产有息负债率	15	16
净负债率	5	4

资料来源：万科（000002.SZ）2019 年年报。

这三个负债率就像一个漏斗，分母都是总资产，分子的范围越来越小。

对于某些公司来讲，比如没有经营性负债也没有太大的货币资金，这三个负债率可能相等。如果三个负债率之间有显著差异（如万科），也揭示出公司的某些财务特质。

三、如何衡量一家公司的偿债风险

上面的三种负债率衡量的是公司全面的偿债风险。还有一些指标衡量公司短期的偿债风险。

比如我们之前讲的净现金。净现金 = 货币资金 – 受限制现金 – 短期借款。如果净现金是负的，公司手里的现金无法清偿银行短期借款，会造成财务危机。

还有三个关于流动性的比率，也是用于衡量公司的短期偿债风险的。

（1）流动比率 = 流动资产 ÷ 流动负债

（2）速动比率 =（流动资产 – 存货）÷ 流动负债

（3）现金比率 =（货币资金 + 有价证券）÷ 流动负债

这三个比率也像一个漏斗，分子的范围越来越小。速动比率是对流动比率的修正。之所以减去存货，是因为存货在流动资产里是最不容易变现的，所以把它剔除掉，速动比率比流动比率更加苛刻一些。现金比率是对速动比率的修正，应收账款等流动资产也剔除掉，只剩下现金等价物。

一般认为流动比率在 2 以上比较安全，而存货大约占流动资产的一半，所以速动比率的安全值大约是 1。现金比率的安全值是 30%，也就是说如果货币资金及有价证券大于等于流动负债的30%，风险就会比较小。

前面的三种负债率和三种流动性比率，都是存量指标，即指标的分子和分母都来自资产负债表。但是我们想象一下，如果一个人通过信用卡透支来消费，那么他的账上存款可能确实没有信用卡上的负债多。可是，这不能代表他一定还不起信用卡欠款。只要他有工作，他可以用后续的现金流来偿还信用卡欠款。因此，还有一类偿债指标衡量的是未来现金流能否偿还存量贷款。这里说的现金流指的是经营活动中创造的现金流。所以这类指标的分子都是经营活动现金流。根据目的不同，分母的选择也不同。表18-6列出了分子和分母的不同组合。

表 18-6　偿债指标的分子分母

分子（流量）	分母（存量）
经营活动现金流	短期有息负债
	有息负债
	流动负债
	总负债

对于苹果这种现金流比较充裕的公司，现金流短期偿债比率 = 经营活动现金流 ÷ 流动负债，可以达到 1，而现金流偿债比率 = 经营活动现金流 ÷ 总负债，差不多是 0.5，也就是 2 年的经营活动现金流可以还清全部的负债。

还有一个指标是利息保障倍数。利息保障倍数是一个"流量"对"流量"的指标。

利息保障倍数 = 息税前利润 ÷ 当年利息

这个指标本与其说是衡量偿债风险，还不如说是衡量盈利能力。这个指标的意思是，公司赚到的利润相当于几倍的利息。息税前利润也称为 EBIT，即 Earning Before Interest and Tax。

"Before"在这里是不包括的意思，相比于净利润，息税前利润还没有减掉利息和公司所得税。这个利润才适合与当年利息进行比较。如果已经减了利息，再去和利息比较，就没有什么意义了。通常认为利息保障倍数应该大于3。如果利息保障倍数只有1，说明公司的利润都拿去付利息了，公司其实没挣钱。

　　没有完美的指标，只有适合的指标。只有了解指标的含义，才能更好地运用。同行业之间指标的比较更有意义。指标的质量在于一致性，同一家公司，在不同期间指标计算的口径要保持一致。

· 本章小结 ·

1. 公司的负债分为两种，一种是经营性负债，一种是金融负债。经营性负债包括对供应商的应付账款，收到客户的预收款项等。金融负债包括银行贷款、公司发行的债券等。

2. 三种不同的负债率：

（1）资产负债率＝负债÷总资产

（2）资产有息负债率＝有息负债÷总资产

（3）净负债率＝（有息负债－货币资金）÷总资产

3. 衡量偿债风险的指标：

（1）流动比率＝流动资产÷流动负债

（2）速动比率＝（流动资产－存货）÷流动负债

（3）现金比率＝（货币资金＋有价证券）÷流动负债

（4）现金流短期偿债比率＝经营活动现金流÷流动负债

（5）现金流偿债比率 = 经营活动现金流 ÷ 总负债

（6）利息保障倍数 = 息税前利润 ÷ 当年利息

—————• 思 考 题 •—————

你知道银行的资产负债率大约平均是多少？

模块三

3

投资——钱到哪里去

第十九章

资产与资源

> 先懂会计，才会看懂资产，然后才有投资。
>
> ——巴菲特

一、"资产过亿"是什么意思

"资产"这个词，是财务专业词汇中最广为人知的。但是大家真的理解"资产"这个词到底是什么意思吗？比如说，借来的钱是资产还是负债？苹果的标识（logo）是不是它的资产？公司的人力资源是不是公司的资产？资产是不是越多越好？

这一章，我们一起深入探讨资产这个既简单又不简单的概念，回答上面那些问题。下面讨论的资产，是指资产负债表中的资产，而不是大家经常挂在嘴边的资产。

如果张三自己有 250 万元现金，假设这是他全部的财富，他向银行又借了 250 万元现金，买了一套房子，他的个人资产是多少？是 250 万元，还是 500 万元？我们看一下图 19-1。

从图 19-1 可 以 看 出 来，总资产是 500 万元。从资金来源看，负债 250 万元，股东权益 250 万元。我们再看看资产的定义是什么。

（单位：万元）

图 19-1　张三的个人资产负债表

> 　　资产是指由企业过去的交易或事项形成的、由企业拥有或控制的、预期会给企业带来经济利益的资源。不能带来经济利益的资源不能作为资产，是企业的权利。

从这个定义可以看出来，资产是由企业拥有或控制的一种资源。张三借钱买房，这套房子是不是张三可以控制的，未来可以给张三带来经济利益的一种资源呢？虽然银行也出了钱，但是银行并不控制这套房子。这套房子是出租还是自住，都是张三自己说了算，资产的受益者也是张三。所以整套房子都是张三的个人资产。

　　资产是一个中性概念，并不区分资金的来源。而另外有一个类似的概念，叫作"净资产"。张三的净资产是500万元减去借款250万元，等于250万元。净资产只包括股东自己的权益，不包括银行出资的部分。

　　我们经常听到企业家说，人才是公司最重要的资产。那么公司的人力资源是不是公司资产负债表上的资产呢？人力资源可以在未来给公司带来利益，这一点符合资产的定义。但是人力资源并不是由公司拥有或控制的。公司不能把员工转让给其他公司，员工可以在人力资源市场上自由选择，来去自由。所以，从这个定义来看，公司的员工不是公司的资产，因而也就不会出现在公司的资产负债表上。人力资源是不是公司的资源呢？这个问题我们后面再讨论。

　　如果某人说自己"资产过亿"，这个资产指的是总资产还是净资产呢？这还真不一定。当你理解了资产的定义之后，再听到这样的说法，你心里要画一个问号，不要把资产和净资产混淆了。

二、资产是不是越多越好

　　在图19-2中，资产回报率公式的分子是利润，分母是资产。我们在前面的章节中一直在强调这样一个事实，评价一家公司的盈利能力并不能仅仅看利润和利润率，只有把利润和资产放在一起比较，才能够准确判断出一家公司真正的盈利能力。

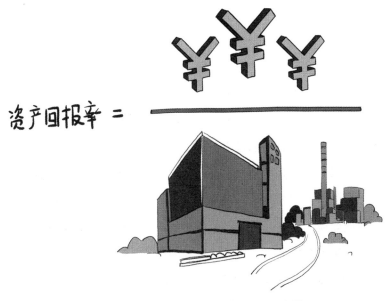

图 19-2　资产回报率与资产的关系示意图

在之前的章节里，我们从利润表的角度分析了公司的盈利能力。这并不够，也不全面。因为利润只是分子，抛开分母来谈资产回报率，肯定是不合适的，甚至会产生误导。很多企业家对增加收入和降低成本的敏感性高，却缺乏对资产变化的敏感性。

在中国改革开放之后，很多企业家都享受了资产增值带来的好处，买地买房产总不会错。因此在企业家的潜意识里，购买资产本身就意味着盈利。这是一个比较危险的想法。第一，资产的价格并不一定总会上涨，如果资产价值被高估，未来资产减值还会带来损失。第二，如果资产增值带来的收益成为公司利润的主要来源，公司就会忽略对经营效率的追求。

资产是分母，分母越大，资产回报率越低。因此，资产不是越多越好。只有新增的资产带来了更高的收益，才会提升公司的资产回报率。根据这个原理，一家公司刚刚上市时，融到了很多钱，资产变多，资产回报率的分母也变大。但是这个时候上市募集到的资金还没有全部投出去，不能立刻产生收益，因此就会发生资产回报率下降的情况。慢慢地，等到资金产生投资回报，这家公司的资产回报率才会恢复到上市之前。如果投资效率高，产生协同效应，一加一大于二，公司的资产回报率有可能超过上市之前，达到新的水平。

再比如，一家公司贷款建成一个新工厂，资产变多，分母也变大。新工厂的产能在没有被完全利用的时候，贡献的收入和利润有限，反而会拉低公司的资产回报率。当工厂可以实现满产时，资产回报率才有可能再次提升。所以，公司增加投资时，资产回报率的上升是螺旋状的，先下降，再上升，再投资，又下降，再上升……周而复始。

三、流动资产与非流动资产

一般认为，持有或变现时间小于 12 个月的资产是流动资产，大于 12 个月的资产是非流动资产。其实这么说并不总是正确。流动资产和非流动资产的划分有其深刻内涵，并不仅仅是持有或变现时间是否大于 12 个月的区别。

资产是公司的资源，是为了帮助公司赚取利润的。流动资产和非流动资产的本质区别是对利润的贡献方式不同。对利润有贡献的核心资产有两个：存货和固定资产。存货是拿来卖的，不断进行"现金→存货→现金"循环，产生利润；固定资产是用来辅助完成存货的生产和销售过程的，比如生产用的机器设备、运输用的卡车等。

"现金→存货→现金"，这被称为一个经营循环。对于存货的核心度量是在最短的时间内完成这个循环，变成现金。流动资产更广义的定义是：在一个经营循环内能够变现的资产。

这个经营循环也许小于一年，也许大于一年。比如房地产开发商，它的主要存货是土地（原材料）、在建商品房（半成品）和建造好的待售商品房（产成品）。房地产开发商的经营循环（从购买土地到商品房真正卖出）比一般的制造业要长，大约需要三年的时间。即使是持有时间大于一年的土地这种存货，由于持有时间小于这个行业特定的经营循环周期，依然是流动资产。

房地产公司的存货仅仅指的是需要进行销售的房地产。如果地产公司买入一座写字楼作为办公楼使用，这座办公楼就不是存货，而是固定资产。固定资产不会进入经营循环，对于固定资产的核心度量是其在购置费用恒定的情况下是否可以被充分使用。无形资产对利润也有类似于固定资产的贡献，比如购入的技术专利等。前面讲过，固定资产需要长期稳定的资金支持，因为它不是在一个经营循环内就可以变现的。

四、资本性支出与收益性支出

举个例子，M 公司买入 5000 平方米办公室，当年共花费 500 万元装修费。同一年买入办公设备 100 万元，预计使用寿命 5 年。我们前面讲过，资产就是未来的费用。100 万元设备计入公司固定资产，分 5 年折旧，每年计入折旧费 20 万元。根据固定资产的本质，把 100 万元当期支出分摊到 5 年计入成本。

那么 500 万元装修费用应该如何处理呢？是全部计入 M 公司当年的费用中吗？假设 500 万元全部计入当年费用，当期的利润表会出现很多费用，利润就会减少，甚至可能是负数。但是常识告诉我们，装修的受益期是未来的三至五年，这一点与固定资产类似：一次性付款，未来多期受益。

根据权责发生制的原则，不应该以付款期间作为计入费用的期间，而是应该根据受益期进行判断和分摊。所以，装修费用在发生时并不应全部计入费用，而应先计入一个资产类科目，在未来的受益期内进行分摊，类似于固定资产的处理。"费用"也可能是资产：当期受益的费用是"费用"，未来受益的费用是"资产"。

计入资产的装修费用在会计上被称为资本性支出，这种处理方法称为资本化。计入当期费用的支出在会计上被称为收益性支出，这种处理方法被称为费用化。前面讲过的研发资本化，就是把开发的费用计入无形资产。

会计准则规定，会计核算应合理划分收益性支出与资本性支

出。凡支出的效益与本会计年度相关的，应当作为收益性支出予以费用化处理，计入当期利润表；凡支出的效益与未来几个会计年度相关的，应当作为资本性支出予以资本化处理，先计入资产类科目，然后，再按所得到的效益，分期转入适当的费用科目。

五、资产与资源

我们都知道苹果的 logo 应该很值钱。那么苹果的 logo 是资产负债表上的资产吗？资产负债表中的资产，通常都是通过过去的交易形成的，按照历史成本计价。如果苹果的 logo 是从其他公司买过来的，当时的买入价就是历史成本，logo 会出现在资产负债表上，是无形资产。不过，它的价值也仅限于当时的历史成本，哪怕现在的估值再高，也不能体现在资产负债表上。这就是狭义的无形资产——资产负债表上的无形资产。

人力资源和苹果的 logo 虽然不是公司的资产，却是公司的资源。它们没有体现在公司的资产负债表上，但不代表没有价值。这个价值体现在哪里呢？我们知道苹果的市值远远高于苹果账上的净资产，这中间的差异就是广义的无形资产。市值就是交易价值，如果有人要买下苹果，他就要为这些广义的无形资产买单。

广义的无形资产包括公司的人力资源、品牌价值、公司的网站、营销网络、客户资源、专利技术等。专利技术既有可能是狭义的无形资产，也有可能是广义的无形资产。之前我们讨论过研发资本化，资本化的专利技术是狭义的无形资产，不论是资本化还是费用化，背后都是交易的支撑，比如支付研发人员工资。费用化是计入了当期费用，而资本化是计入了无形资产，后期进行摊销。这些都是历史成本计价的原则。但是专利的市场价值（出售价格）很有可能高于历史成本，这部分就是广义的无形资产。专利的广义无形资产的价值变现有两个渠道：一是出售专利，增值部分就会体现在公司利润里；二是体现在公司的市值里，就像苹果的 logo 那样。

作为公司的管理者，不仅要管理好公司的有形资产，还要管理好无形资产，最大化公司的广义无形资产。

·本章小结·

1. 资产是指由企业过去的交易或事项形成的、由企业拥有或控制的、预期会给企业带来经济利益的资源。不能带来经济利益的资源不能作为资产，是企业的权利。资产是一个中性概念，并不区分资金的来源。

2. 资产是分母，分母越大，资产回报率越低。因此，资产并不是越多越好。只有新增的资产带来了更大的收益，才会提升公司的资产回报率。

3. 流动资产是在一个经营循环内能够变现的资产。固定资产不会进入经营循环，不能在一个经营循环内变现，因此需要长期稳定的资金支持。

4. 计入资产的费用在会计上被称为资本性支出，这种处理方法称为资本化。计入当期费用的支出在会计上被称为收益性支出，这种处理方法被称为费用化。

5. 由过去的交易形成的，按照历史成本计价的，可以体现在资产负债表上的无形资产是狭义的无形资产。不能体现在资产负债表上，却可以体现在公司的市值或者交易价格中的无形资产是广义的无形资产，是公司的资源。

• 思 考 题 •

公司还有哪些广义的无形资产？

第二十章

商誉的反噬作用

研究表明，在激烈的并购过程中最终胜出的企业并不一定会获得最好的收益，并购的赢家会由于价值高估而遭受惩罚，只能获得低于平均水平的收益，甚至是负收益。这就是所谓的赢家诅咒。

一、从一家小超市讲起

我们继续研究资产这个主题，在这之前，先讲一个小故事。在北京的一条小巷里有一家小超市——老李超市，卖些食品百货。小店的主人是一对老夫妇，就是这里的居民。因为为人厚道，从来不卖假货、以次充好，而且这家小超市处于核心地带，所以生意很红火。这家小超市平均每年可以净赚 50 万元。

这样一家小超市,可以卖多少钱?我们先看看老李超市有什么资产(见表 20-1)。

表 20-1 老李超市的资产负债表 （单位：元）

现金	100 000	股东权益	1 250 000
存货	1 000 000		
固定资产	150 000		
总资产	1 250 000	负债与所有者权益	1 250 000

假设小超市没有任何负债,所有的利润都已经分掉。从表 20-1 中,我们看到账上的资产有 100 万元存货、10 万元现金和 15 万元固定资产。

如果有公司要买这样一家超市，出价多少合理呢？出价的下限就是它所拥有的资产，125万元。可是，如果你拿着125万元去买这家超市，人家肯定不卖。为什么呢？把这家超市所有的货和固定资产都卖了，就可以换回125万元。而它真正值钱的东西在于它日进斗金的盈利能力。这个能力包括它的核心地带，这些年培养出的老客户，也许还包括老夫妇的人品，甚至"老李超市"这个招牌呢。

从买家来看，买这家店并不是为了它的存货。这些货分分钟在市场上可以买到，没必要非要买老李夫妇的。可见，买家买的是这家商店的盈利能力。

我们这里不讲估值。我们略去估值的详细过程。这家小超市1年赚50万元，如果这50万元相当于利息的话，假设社会平均资本报酬率是10%，这个店的估值就是500万元。很多老板经常说的市盈率就是这个意思，年利润50万元的生意，行业平均市盈率为10倍，这家公司的估值就是50×10＝500万元。从投资者的角度来看，10年可以收回投资的成本。

假设买卖双方谈好500万元的成交价，A公司买下了老李超市。我们可以这么理解，这500万元买下的是：老李超市的存货100万元、现金10万元、固定资产15万元以及价值375万元（500万元与125万元资产之差）的无形资产。这个无形资产就是前面章节中讲过的广义的无形资产。在财务上，收购价大于所收购的净资产价值的部分就叫作商誉。商誉其实就是购买方对于标的公司的广义无形资产的认可。

二、商誉的计算

老李夫妇的这家超市原来就具有这些核心竞争优势，为什么在没有出售之前，资产中没有包括这些无形资产呢？会计准则上规定，商誉不能自行产生。说白了，你不能自己说自己有多少商誉，只有发生交易的时候，商誉才能计算出来；否则，就是虚增资产。所以，老李超市的会计账本中没有商誉这项资产，但是并不代表它没有商誉。这就是我们之前讨论过的，资产是在过去的交易事项中产生的。苹果的 logo 再值钱，也没有直接按照市值呈现在资产负债表里。

那么在 A 公司的账上，到底应该记录多少商誉呢？你可能会说，老李超市的账上有 125 万元资产，500 万元中大于这些资产多付的钱就是商誉啊。理论上讲没错。让我们再来思考以下细节：

（1）账上 100 万元的存货，有些已经过期，或者有些干脆找不到了，发生盘亏，能够符合销售条件的货只值 95 万元。

（2）固定资产经过盘点之后的价值是 14 万元。

（3）"老李超市"这个品牌要不要评估一下价值呢？

下面是会计准则对于商誉的定义。

2006 年《企业会计准则第 20 号——企业合并》第十三条：购买方对合并成本大于合并中取得的被购买方可辨认净资产公允价值份额的差额，应当确认为商誉。

从这个定义可以看出，商誉不是交易价格直接减去原来资产负债表中的净资产，而是减去净资产的公允价值。当发生收购的时候，要对被收购的资产进行重新评估。表 20-2 是对老李超市重新评估之后的资产负债表。

表 20-2　重估之后的资产负债表　　（单位：元）

现金	100 000	股东权益	2 190 000
存货	950 000		
固定资产	140 000		
品牌	1 000 000		
总资产	2 190 000	负债与所有者权益	2 190 000

　　"老李超市"这个品牌属于无形资产，价值为 100 万元。所以，重新评估后老李超市的资产为 219 万元。高于 219 万元的出价才是商誉。商誉 = 500 万元 - 219 万元 = 281 万元。

　　所以，商誉是溢价收购产生的，但并不是用收购价减去被收购公司资产负债表上的净资产得来的。被收购公司的资产要被重新评估，有些（如存货）不值那么多钱，就要把高估的价值去掉；而有些（如品牌）在原来的报表上没有体现，要进行评估给出价值。把这些资产都辨认清楚了，如果收购价还是高于这些资产的价值，那么多出来的部分才是商誉。

　　A 公司收购了老李超市之后，报表会如何变化呢？表 20-3 是 A 公司收购老李超市之前的报表。

表 20-3　A 公司资产负债表（收购之前）

（单位：元）

现金	10 000 000	负债	30 000 000
其他资产	90 000 000	股东权益	70 000 000

A公司账上有1000万元现金，总资产是1亿元。A公司拿出500万元现金收购了老李超市之后，老李超市的资产并入A公司的资产负债表（见表20-4）。

表20-4　A公司资产负债表（收购之后）

（单位：元）

现金	5 000 000	负债	30 000 000
其他资产	90 000 000		
现金	100 000	股东权益	70 000 000
存货	950 000		
固定资产	140 000		
品牌	1 000 000		
商誉	**2 810 000**		

（"原小超市的资产"标注于 现金、存货、固定资产、品牌、商誉 各行左侧）

重新评估之后的老李超市的资产并入A公司，这些资产包括100万元的品牌，见表20-4中白色的区域。收购价500万元与老李超市资产的差额281万元也被计入了A公司的资产负债表。

收购者的账上才有商誉。商誉相当于收购者为不可辨识的无形资产支付的价值。收购完成后，商誉就变成了收购者账上的无形资产。

三、商誉的反噬作用：一个真实的案例

2018年汤臣倍健收购了澳大利亚的LSG公司。具体的财务数据如表20-5所示。

表 20-5 汤臣倍健收购 LSG 公司的财务数据

（单位：元）

收购价格	3 332 592 375
LSG 净资产	1 097 405 642
商誉	2 165 661 155[①]

① 商誉的差异系由汇率变化所致。

资料来源：汤臣倍健（300146.SZ）2018 年年报。

由于收购价格高于 LSG 公司的净资产，产生了 21.7 亿元的商誉。

如之前老李超市的例子，在收购过程中还有可能产生因为重新评估产生的无形资产。在 LSG 的净资产中，也包括了这样的无形资产（见表 20-6）。

表 20-6 LSG 公司的无形资产 （单位：元）

项目	LSG	
	购买日公允价值	购买日账面价值
资产：		
货币资金	41 434 983.00	41 434 983.00
应收款项	69 826 539.00	69 826 539.00
预付款项	13 742 059.00	13 742 059.00
其他应收款	915 296.00	915 296.00
存货	239 718 940.00	237 698 288.00
其他流动资产	1 350 473.00	1 350 473.00
固定资产	16 919 210.00	15 969 324.00
无形资产	1 413 843 800.00	844 232.00
递延所得税资产	4 252 989.00	4 252 989.00
其他非流动资产	6 772 664.00	6 772 664.00

资料来源：汤臣倍健（300146.SZ）2018 年年报。

表 20-6 节选自汤臣倍健 2018 年年报中披露的数据，是 LSG 公司的资产。第三列"购买日账面价值"是评估之前的价值，

第二列"购买日公允价值"则是评估之后的价值。重新评估之后，存货、固定资产和无形资产都有变化。存货和固定资产有小幅升值，升值最多的是无形资产，从之前的84万元变成了14亿元。

这就类似老李超市案例中的品牌价值。LSG的无形资产包括什么呢？根据汤臣倍健披露，包括商标、品牌经营权和客户关系。

在这个收购过程中，不仅产生了巨额的商誉，还产生了巨额的无形资产。我们之前讲过，资产是未来的费用，将来还会以费用的形式返回到利润表中。并购产生的无形资产在未来要进行摊销。那么商誉这个无形资产需要摊销吗？

在以前的会计准则中，商誉是要求每年摊销的，摊销的金额计入利润表中的费用。在现在的会计准则下，商誉这种没有固定使用年限的资产，不要求摊销了，但是每年要进行减值。为什么呢？商誉代表收购时被收购方的核心竞争力，时过境迁，当时的核心竞争力在日后还值那么多钱吗？所以正常情况下，也会发生商誉的减值，减值的金额计入利润表。

不幸的是，汤臣倍健收购LSG产生的无形资产和商誉在第二年就发生了减值（见表20-7）。

商誉减值了47%，无形资产减值了40%，加在一起，对利润的净影响为负15.7亿元。这也就可以解释，为什么汤臣倍健的利润从2018年的9亿多元变为2019年的-4.2亿元，减少了13亿元，几乎等于资产减值的损失。

表 20-7　商誉与无形资产减值的影响

（金额单位：元）

	2018 年	2019 年减值	减值比率
商誉	2 165 661 155	1 008 708 937	47%
无形资产	1 413 981 192	561 768 868	40%
对利润的影响		1 570 477 805	
	2018 年	2019 年	变化值
净利润	908 431 766	415 045 707	1 323 477 473

资料来源：汤臣倍健（300146.SZ）2018 年年报。

在溢价收购中往往产生大量的商誉和无形资产，这些资产的减值或者摊销，在未来又会影响公司的利润，这就是商誉的反噬作用。

研究表明，在激烈的并购过程中最终胜出的企业并不一定会获得最好的收益，并购的赢家会由于价值高估而遭受惩罚，只能获得低于平均水平的收益，甚至是负收益，这就是所谓的赢家诅咒。

所谓的赢家诅咒也是因为这种反噬作用。

如果被收购的公司在财务上不诚信，买了之后发现它不值那么多钱，也会发生巨额的减值。

2011 年，惠普斥资 111 亿美元收购了英国软件公司 Autonomy。刚过一年，惠普就计提了 88 亿美元的商誉减值，因为 Autonomy 账务有误。说白了，就是买亏了。巨额的减值会在当期全部进入公司的利润表，产生巨大的亏损。

商誉不需要摊销，只需要做减值，对喜欢通过收购扩张的企业是个好消息。减值不减值，都是公司说了算。有些公司收购时，喜欢低估实物资产，高估商誉。反正卖家无所谓，拿到的钱都一样。实物资产将来需要折旧，而商誉不需要摊销，如果不进行减值，就不会对公司的利润造成影响。收购价中，商誉所占比重越大，公司未来的利润就越高。通过这种方法，可以操纵企业未来的利润。

2018 年第三季度，沪深两市的 3650 家上市公司中，有 2121家拥有商誉，金额达到 14 943 亿元。评估报表时，可以尝试把财报上的商誉去掉，看看公司的负债率是不是可以接受？通过这种方法可以考察被投资公司的风险。我们还可以测算商誉占公司净资产的比率，如果比率太高，也意味着公司未来存在风险。

· 本章小结 ·

1. 2006 年《企业会计准则第 20 号——企业合并》第十三条：购买方对合并成本大于合并中取得的被购买方可辨认净资产公允价值份额的差额，应当确认为商誉。

2. 商誉不能自行产生。收购者的账上才有商誉。商誉相当于收购者为不可辨识的无形资产支付的价值。收购完成后，商誉就变成了收购者账上的无形资产。

3. 在以前的会计准则中，商誉是要求每年摊销，摊销的金额计入利润表中的费用。在现在的会计准则下，商誉这种没有固定使用年限的资产，不要求摊销，但是每年要进行减值。

4. 在溢价收购中往往产生大量的商誉和无形资产，这些资产的减值或者摊销，在未来又会影响公司的利润，这就是商誉的反噬作用。

—————————————— ● 思　考　题 ● ——————————————

公司还有哪些广义的无形资产？公司网站是不是无形资产？

第二十一章

外生增长与内生增长

不能衡量就不能管理。

——《平衡计分卡》

一、平衡计分卡平衡了什么

图 21-1 是平衡计分卡的示意图。

"不能衡量就不能管理。"一套完善的衡量系统对于企业的内外部利益相关者都是非常重要的。外部的股东、债权人需要衡量公司的风险与盈利能力；内部管理人员则需要衡量公司的经营效率并且进行改进。

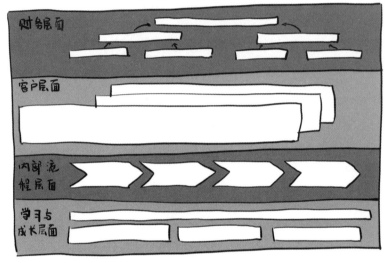

图 21-1　平衡计分卡的示意图

在罗伯特·卡普兰的平衡计分卡理论出现之前，虽然大多数公司声称重视客户关系、组织发展与内部流程，但是公司的衡量系统依然是以财务指标为主导。单一的财务衡量系统会出现以下问题：

（1）财务指标通常是结果性指标，过分追求结果性指标会导致短期的投资行为，而对具有长期价值的项目投资不足；

（2）追求结果性指标的另一个问题是对过程指标的忽略，比如客户关系、组织发展等。

平衡计分卡里的"平衡"应该有两层意思。第一层意思是对财务指标的平衡。平衡计分卡并没有把财务指标抛开不提，而是把财务指标当作对经营业绩的总结而予以保留。第二层意思是四个层面的平衡：财务层面、客户层面、内部流程层面、学习与成长层面的平衡。通过这四个层面企业可以平衡长期目标与短期目标、结果性目标与过程性目标。

虽然说是四个层面的平衡，但是财务层面被放在了平衡计分卡的最顶层，可见财务层面对于公司的重要性。财务指标衡量公司当下的战略是否成功，是否帮助公司提升了盈利能力。客户层面、内部流程层面和学习与成长层面并不是单独的衡量系统，它们层层支撑，最终还是指向财务目标的达成。

二、增长战略与生产率战略

图 21-2 把平衡计分卡的财务层面放大，并加入了具体指标。这样我们可以看得更清楚一些。

财务层面的最终目标是提升长期股东价值。不可否认，一个有外部股东存在的公司，提升股东价值是公司的首要目标。这一点，我们后面还要分析。

长期股东价值可以向下分解为：增长战略和生产率战略。这样说有点玄妙的感觉，如果换一种说法，可能更接地气：增加收入降低成本。对于公司来讲，增加收入降低成本，提升盈利，这是再朴素不过的道理。增长战略就是增加收入，而生产率战略则是降低成本。

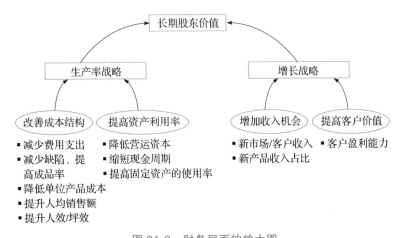

图 21-2 财务层面的放大图

1. 增长战略

增长战略关注的是增加收入，更容易被企业家接受和采用。获得新市场收入、新客户收入、新产品收入，提高客户盈利能力，这种增长被称为外生增长。

外生增长有一个共性：若要增长，必先投入。如果要获得新市场的收入，必须先开发新市场，投入广告、人员和市场活动。如果要获得新客户收入，必须投入大量资金培养新客户，招募优秀销售人员联系客户。而新产品收入的前提则是大量的研发投入。

2. 生产率战略

生产率战略关注的是降低成本。在图 21-2 的左侧，生产率战略又分为两部分：改善成本结构和提高资产利用率。通常说的降低成本就是改善成本结构，如图 21-2 所示，包括减少费用支出、提高成品率、降低单位产品成本、提升人均销售额、提升人效 / 坪效。

提高资产利用率，也是降低成本。对于资产而言，最好的降低成本方式就是充分利用，不要让设备闲置。资产分为营运资本和非营运资本。存货、应收账款被称为营运资本，是在经营循环中占用的资金。而固定资产属于非营运资本，它的价值会转入到未来多个经营循环。

生产率战略被称为内生增长：在公司内部挖掘潜力，在资源一定的情况下，提高利用率，从而实现增长。这种增长最容易被忽略。

三、如何衡量资产利用率

1. 衡量应收账款的效率

如何衡量应收账款是过多还是过少？如果同行业的两家公司，A 公司有 1000 万元的应收账款，B 公司有 2000 万元的应收账款，是否可以说 A 公司比 B 公司的应收账款效率高？显然不行。我们要看应收账款支撑了多少销售额，这才是效率的正解。假设 A 公司的年销售额为 1 亿元，而 B 公司的销售额为 5 亿元，哪个公司效率高呢？

显然是 B 公司。A 公司的销售额是应收账款的 10 倍，而 B

公司的销售额是应收账款的 25 倍。销售额除以应收账款，得到的就是应收账款周转率。

应收账款周转率 = 销售收入 ÷ 平均应收账款

为什么要加平均呢？因为应收账款来自资产负债表，是某一个时间点的数据，而销售收入来自利润表，是一个时间段的数据，不可以直接相除。通常取存量数据的平均值和流量数据进行计算。

2. 衡量存货的效率

和应收账款周转率的计算原理类似，衡量存货的效率时，也是用利润表中的数据和存货进行对比，不过这次取的不是销售收入，而是销售成本，得到的就是存货周转率。

存货周转率 = 销售成本 ÷ 平均存货

因为存货结转的是成本，用销售成本和存货进行对比更有意义。

在计算平均应收账款与平均存货的时候，最简单的方法是：（期初数 + 期末数）÷ 2。这种计算方法比较简单，但不是很准确。如果期初和期末正好存货比较少，而年中存货比较多，这样算出来的平均存货就偏低，周转率偏高，不能反映真实情况。修正的办法是计算每个月月末的存货，把它们加在一起，然后除以 12，这样就比较准确了。当然，还可以更进一步，计算每天的存货，加起来除以 365，这样就更加接近实际的情况了。

3. 对非营运资本利用率的衡量

比较典型的指标是固定资产周转率。在财务术语里，周转率比较难理解。存货周转率还可以比较形象地理解，货物要快周转才能赚钱。可是固定资产并不是在一个经营循环里变现的，如何周转呢？这里，我们把"周转"这个词换为"利用"就比较好理解了。周转率其实就是利用率。固定资产周转率就是固定资产利用率。存货周转率，本质上也是存货（资金）的利用率。

固定资产周转率 = 销售收入 ÷ 平均固定资产

四、营运资本与现金周期

图 21-3 是现金周期的示意图。

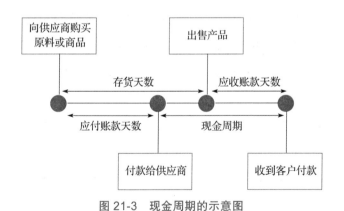

图 21-3　现金周期的示意图

缩短现金周期也是提高资产利用率的一个方法。现金周期的概念和净营运资本类似。

净营运资本 = 预付款项 + 存货 + 应收账款 - 应付账款 - 预收款项

现金周期 = 应收账款天数 + 存货天数 - 应付账款天数

这两个公式是不是很类似？现金周期只不过把净营运资本公式中的预付款项和预收款项去掉，然后把应收账款、存货和应付账款都变成了天数，运算符号不变。天数是怎么得到的呢？

应收账款天数 = 365 ÷ 应收账款周转率

存货天数 = 365 ÷ 存货周转率

应付账款天数 = 365 ÷ 应付账款周转率

假设一家公司从购买原材料到出售产品是 60 天，从出售产品到收到客户款是 30 天，把这两个数字加起来是 90 天，我们给它取个名字：经营周期。但是经营周期并不等于公司自己垫钱的周期。从买入原材料到付款还有一段时间，这个周期被称为应付账款天数。假设应付账款天数是 50 天，那么公司真正自己垫钱的周期就是 90 天减去 50 天，等于 40 天。40 天就是现金周期。可见，现金周期衡量的是公司真正需要自己垫付运营资金的时间。

前面讲到的营运资本类型一，是正的净营运资本，现金周期也是正的，代表需要自己垫钱；而营运资本类型二，是负的净营运资本，现金周期也是负的，不需要自己垫钱，还有可能获得资金。

表 21-1 是 2019 年 A 股上市公司部分行业的经营周期和现金周期。

表 21-1　部分行业的经营周期和现金周期

行业	存货周转天数（a）	应收账款周转天数（b）	应付账款周转天数（c）	经营周期（a+b）	现金周期（a+b−c）
房地产	1 251.9	26.8	172.4	1 278.7	1 106.3
机械设备	144.0	111.6	124.7	255.6	130.9
医药生物	94.6	80.9	68.2	175.5	107.3
纺织服装	122.1	49.9	66.7	172.0	105.2
食品饮料	146.3	10.4	51.6	156.7	105.1
计算机	83.1	95.6	77.7	178.7	101.0
农林牧渔	83.8	16.3	31.3	100.1	68.7
电子	57.7	76.2	79.6	133.9	54.4
传媒	51.2	66.7	75.2	117.9	42.7
化工	40.5	17.8	36.3	58.3	22.0
公用事业	42.3	61.6	82.6	103.9	21.2
家用电器	60.2	32.5	74.9	92.7	17.8
汽车	47.3	46.8	81.6	94.1	12.5
钢铁	52.2	9.0	48.8	61.1	12.3
通信	65.3	72.6	128.7	137.9	9.1
一般零售	64.0	5.6	62.3	69.6	7.3
航空运输	5.7	11.3	45.4	17.0	−28.4

资料来源：东方财富 Choice 金融终端。

表 21-1 是按照现金周期降序排列的。房地产行业的现金周期最长，为 1106.3 天。而房地产行业的存货天数为 1251.9 天，应收账款天数为 26.8 天，两者加在一起得到经营周期：1278.7 天。经营周期中主要是存货天数比较长，这和之前对房地产行业营运资本的分析吻合。经营周期减去应付账款周期 172.4 天，剩下的就是现金周期 1106.3 天。这意味着在房地产行业 1278.7 天的经营周期中，房地产公司自己垫付资金的时间长达 1106.3 天。从现

金周期的分析中也可以看出地产行业的资金压力很大。

表 21-1 中的行业从上到下的现金周期越来越短。我们看家用电器行业，总体的经营周期是 92.7 天，但是现金周期只有 17.8天。主要原因是应付账款周期比较长，平均 74.9 天。相当于在存货和应收账款上占用的资金大部分转嫁给了供应商。汽车行业的现金周期与家电行业类似。

表 21-1 最下面一行是航空运输业。我们可以看到，其存货天数为 5.7 天，应收账款天数为 11.3 天，都非常小。但是应付账款天数为 45.4 天，大于经营周期 17 天，因此现金周期是负数。负数的现金周期说明航空运输业主要靠供应商的资金来运营。不过这里讨论的都是营运资本，不包括非营运资本。航空公司购买飞机等运输工具还是要自己垫资的。

表 21-1 中倒数第二行是一般零售业。其存货天数为 64 天，应付账款天数为 62.3 天，基本持平，相当于存货主要靠供应商融资。而应收账款天数很短，只有 5.6 天，主要是因为零售业是以 2C 的生意为主，没有赊账。

如何缩短现金周期呢？如果可以缩短存货周期和应收账款周期，就可以缩短经营周期。如果可以和供应商谈判，延长付款周期，就可以延长应付账款周期。这样现金周期就可以缩短了。

假如一家公司的年销售额是 3.65 亿元，每天的销售额为 100万元，每缩短一天的现金周期就可以减少 100 万元的资金占用。如果资金成本是每年 12%，就可以节省 12 万元的财务费用。看来提高资产利用率的确可以给公司节省真金白银。

五、长期股东价值

我们再回顾一下图 21-2。生产率战略和增长战略向上汇聚到一处，那就是长期股东价值。从短期利益出发，经理层很有可能使用生产率战略，降低成本，减少研发投入，这些举措会使得利润表立刻变得好看。但是，减少投资会制约公司未来的发展。相反，如果经理层一味向外扩张，增加公司的投资，使得公司回报率下降，这也是值得警惕的。

如何解决这种矛盾？两个战略最终要用长期股东价值来进行平衡。重点是：长期！股东拥有公司，可以从公司的发展中长期受益，所以股东有这个立场来进行抉择。

· 本章小结 ·

1. 平衡计分卡里的"平衡"有两层意思。第一层意思是对财务指标的平衡。平衡计分卡并没有把财务指标抛开不提，而是把财务指标当作对经营业绩的总结而予以保留。第二层意思是四个层面的平衡：财务层面、客户层面、内部流程层面、学习与成长层面的平衡。通过这四个层面企业可以平衡长期目标与短期目标、结果性目标与过程性目标。

2. 增长战略关注的是增加收入，更容易被企业家接受和采用。获得新市场收入、新客户收入、新产品收入，提高客户盈利能力，这种增长被称为外生增长。生产率战略关注的是降低成本，分为两部分：①改善成本结构，②提高资产利用率。生产率战略被称为内生增长。两个战略最终要用长期股东价值来进行平衡。

3. 三个周转率公式：

（1）应收账款周转率＝销售收入÷平均应收账款

（2）存货周转率＝销售成本÷平均存货

（3）固定资产周转率＝销售收入÷平均固定资产

4. 现金周期＝应收账款天数＋存货天数－应付账款天数。现金周期衡量的是公司真正需要自己垫付运营资金的时间。

· 思 考 题 ·

医院里的病床周转率和财务术语里的周转率是一个意思吗？

第二十二章

另一种杠杆——经营杠杆

> 轻资产模式或者重资产模式，这是一种选择，不是一种优劣。
>
> ——佚名

一、拉面馆是否应该自制拉面

一家拉面馆应该自制拉面还是从外面买制成的拉面？一家家具厂应该自制家具上的锁具还是向供应商购买？一家汽车制造厂应该自己制造汽车发动机吗？

以上的问题在各行各业都存在。在本书中，我们不讨论公司战略，仅试图从财务角度出发给出一些工具和分析方法。

以拉面馆为例。按照时间轴来考虑决策，首先要决定的是，是否应该自制拉面。如果不自制拉面，就要直接从供应商处购买。这种外包本质上属于分工协作，外包出去的制作流程是自己本身不具备产能的。苹果和富士康的关系就是如此。

假设在刚才的决策中，决定自制拉面并且购买了制作拉面的设备。在后续经营的过程中，出于降成本的考虑讨论自制还是外包，这时候拉面生产设备的折旧属于沉没成本。在第十章生产运动鞋的公司的案例中，我们已经探讨过这个问题。我们回顾一下，上次讨论的重点在于沉没成本与相关成本的辨别。案例中的公司自己有产能，销售却把制鞋的流程外包。如果从相关成本的角度去做决策，不应该考虑沉没成本，而只考虑相关成本则可能得出不同的结论。

在本章，我们要回到时间轴的第一步，来分析投资产能和分工协作背后的财务原理。

二、轻资产模式与重资产模式：企业家的两难选择

任何事情都有好的一面和坏的一面。重资产模式的缺点比较明显，固定资产太多，固定资产折旧是沉没成本，公司容易被产能绑架。如果重资产模式带来的只有弊端，那么为什么还会有企业家选择重资产模式呢？姑且抛开资产（土地、厂房）增值的因素不谈，重资产模式在财务上有什么好处呢？

　　如果拉面馆选择自制拉面，背后的原因一定是成本更低。自己购买拉面生产设备，如果产能充分被使用的话，设备折旧被充分分摊，摊到每一碗拉面上的成本就会低于外包的成本。为什么呢？因为无论是谁来制作拉面，拉面的成本都包括原材料、人工和设备折旧等制造费用。这些成本的高低取决于效率。如果效率都可以达到极致，那么无论是外包还是自制，成本理应相同。但是，外包一定比自制还多了一项成本，那就是供应商的利润。供应商不可能不赚钱。所以，从成本的原理来看，降成本不是外包的首要动机。

　　可是身边总有这样的宣传，某某公司通过外包节省了多少成本。这也不是假话。我们前面的分析有一个前提，那就是"如果效率都可以达到极致"。而在很多情况下，这个假设并不成立。比如，拉面生产设备的最大产能是每个月生产 1 万份拉面，而拉面馆的生意没有那么多，只有 5000 份拉面，这样设备的折旧费只能分摊给 5000 份拉面，每份拉面的成本就会上升。

　　而外包的拉面生产厂商给多家拉面馆供应拉面，因而不论在设备折旧还是在原材料成本议价上都有优势。

　　京东在很多四五线城市没有自建物流，而是外包物流。原因就是没有成本优势。自建物流的成本优势建立在订单数量足够多的基础上。刘强东说过，在一座城市，只有每天的订单超过 2000 单时自建物流才有成本优势。

　　轻资产模式（外包）的成本优势只发生在重资产模式的效率并未达到极致的前提下。

我们通过图 22-1 来具体分析一下自制与外包的财务表现。

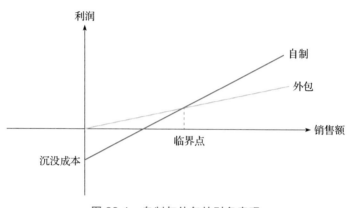

图 22-1　自制与外包的财务表现

图 22-1 中，深蓝色的斜线代表自制（重资产模式），浅蓝色的斜线代表外包（轻资产模式）。如果销售额为 0，沉没成本就是亏损额。随着销售额越来越大，沉没成本被更多的销售额吸收，亏损越来越小。在销售额没有达到临界点时，外包的利润更大，因为外包只需要承担变动成本，没有沉没成本的负担。不过，当销售额超过临界点时，自制的成本优势凸显，因为这个时候自制和外包的效率一样高，固定成本可以摊薄，只需要负担额外的变动成本即可。

可见，外包的最大优势并不是成本的低廉，而是成本的灵活性。在开展一项新业务时，不用立刻投入产能，不用背负沉没成本的包袱，先把业务做起来。等到有了一定的规模之后，再考虑是否自建产能。

　　即使产能利用率已经超过临界值，很多公司也还是选择外包和分工协作，如苹果。我认为这有两个原因。第一，生产管理会加剧管理的复杂度，从而增加成本；第二，可以随时保持业务的灵活性，可进可退。如果业务增长的趋势是百分之百确定的，重资产模式一定是最好的选择。但是，谁也不能预测未来的销售额是不是一定会增长，所以保持适度的灵活性可以规避风险。很多全球500强企业，宁可舍弃重资产模式带来的成本优势而选择成本的灵活性，这也是在风险和收益之间做的决定。

　　轻资产模式可以在业务发展趋势更加明朗的条件下转为重资产模式；一旦选择重资产模式，由于产能无法随时退出，一旦业务发展不及预期，公司轻则无法盈利，重则出现财务危机。因此，选择重资产模式的决策要非常慎重。

三、经营杠杆倍数：轻资产模式与重资产模式的衡量

　　在财务上，通常用经营杠杆倍数这个指标来衡量公司的轻资产模式与重资产模式。

　　我们用表22-1中的案例来解释经营杠杆倍数的计算。

表 22-1　A 公司与 B 公司的利润表

（单位：万元）

项目	A 公司	B 公司
销售收入	100	100
变动成本	60	80

（续）

项目	A 公司	B 公司
边际贡献	40	20
固定成本	30	10
营业利润	10	10

假设 A 和 B 是幼儿艺术教育行业的两家公司，它们的规模相似：两家公司的年销售收入相等，均为 100 万元；营业利润也相等，均为 10 万元。不同之处在于两家公司的成本结构：A 公司的艺术老师都是全职老师，领取基本工资和部分奖金，因此固定成本高、变动成本低；而 B 公司的艺术老师大部分是兼职老师，按课时领取劳务报酬，没有固定工资，因此固定成本低、变动成本高。

我们引入经营杠杆倍数的公式。

经营杠杆倍数 ＝ 边际贡献 ÷ 营业利润

A 公司的经营杠杆倍数 ＝ 40 ÷ 10 ＝ 4 倍，而 B 公司的经营杠杆倍数 ＝ 20 ÷ 10 ＝ 2 倍。

边际贡献和营业利润之间相差的就是固定成本。固定成本越大，边际贡献与营业利润之间的差值越大，因而经营杠杆倍数也越大。因此，可以得出一个结论：重资产公司的经营杠杆倍数大于轻资产公司的经营杠杆倍数。A、B 公司虽然不是制造业，但是 A 公司拥有大量的全职老师，也可以被认为是一种重资产模式。

我们进一步分析，如果销售收入增长了 10%，两家公司的利润会如何变化，具体分析如表 22-2 所示。

表 22-2　A 公司与 B 公司经营杠杆倍数（销售收入增长 10%）

（金额单位：万元）

项目	A 公司	A 公司销售 收入增长 10%	B 公司	B 公司销售 收入增长 10%
销售收入	100	110	100	110
变动成本	60	66	80	88
边际贡献	40	44	20	22
固定成本	30	30	10	10
营业利润	10	14	10	12
经营杠杆倍数	4 倍	3.1 倍	2 倍	1.8 倍

在销售收入增长 10% 的情况下，A 公司的营业利润为 14 万元，而 B 公司的营业利润为 12 万元。因为 A 公司的老师都是全职老师，业务扩张的时候成本不会随着销售额线性（同比）增长，老师的成本增长率会小于收入的增长率，因此 A 公司有更多的利润沉淀下来。而 B 公司的主要成本是兼职老师的劳务报酬，这种成本属于变动成本，会随着销售额线性增长。

所谓的经营杠杆就是销售收入与利润之间的杠杆：A 公司的经营杠杆倍数为 4 倍，在收入增加 10% 的时候（从 100 万元到 110 万元），利润增加了 40%（从 10 万元到 14 万元），这就是经营杠杆的效应。经营杠杆放大了利润，经营杠杆倍数越高，放大的倍数越高。我们也可以验证一下 B 公司：B 公司的经营杠杆倍数为 2 倍，在收入增加 10% 的时候（从 100 万元到 110 万元），利润增加了 20%（从 10 万元到 12 万元）。

随着收入的增加，固定成本被充分利用，经营杠杆倍数下降。A 公司的经营杠杆倍数从 4 倍降为 3.1 倍，B 公司的经营杠杆倍数从 2 倍降为 1.8 倍。

通过这个案例我们可以分析出重资产公司的优势：

（1）在销售收入增长的时候，利润增长的速度快于销售收入增长的速度，倍增的效果取决于经营杠杆倍数。

（2）重资产模式更容易形成竞争壁垒。如案例中的 A 公司，拥有大量的全职老师，教学质量会更好，交付能力也更强，模式不容易被模仿。而其他公司可以通过找到市场上的兼职老师来模仿 B 公司的模式，兼职老师不具有排他性，和谁都可以合作。

重资产公司的优势就是轻资产公司的劣势。

如果销售收入下降 10%，这两家公司的利润和经营杠杆倍数又如何变化呢？具体分析见表 22-3。

表 22-3　A 公司与 B 公司经营杠杆倍数（销售收入下降 10%）

（金额单位：万元）

	A 公司	A 公司销售收入下降 10%	B 公司	B 公司销售收入下降 10%
销售收入	100	90	100	90
变动成本	60	54	80	72
边际贡献	40	36	20	18
固定成本	30	30	10	10
营业利润	10	6	10	8
经营杠杆倍数	4 倍	6 倍	2 倍	2.25 倍

销售收入下降 10%（从 100 万元到 90 万元），A 公司的利润从 10 万元降到了 6 万元，下降了 40%，正好也是销售收入下降比例的 4 倍。经营杠杆不仅放大利润，也放大亏损。在同样的市场情况下，B 公司的利润从 10 万元降为 8 万元，下降了 20%，是销售收入下降比例的 2 倍。这两家公司的利润变化情况都符合各

自的经营杠杆倍数。

全职老师的工资是固定成本，即使销售收入下降，老师的工资也要按时发放。

通过这个案例我们可以分析出重资产公司的劣势：主要成本为固定成本，在销售收入下降的时候成本刚性有余、灵活性不足，抗风险能力差。而轻资产公司的优势恰恰就是抗风险能力强！

在销售收入下降的时候，两家公司的经营杠杆倍数都提高了，A公司的经营杠杆倍数从4倍变为6倍，B公司的经营杠杆倍数从2倍变为2.25倍。经营杠杆倍数的上升，进一步加大了公司的潜在风险。

导致经营杠杆倍数上升的因素有：① 销售收入下降；② 固定成本增加。

比如工厂新投入了一条生产线，在销售收入没有迅速上升时，经营杠杆倍数会上升。

四、财务杠杆与经营杠杆

我们在前面章节分析了财务杠杆，现在回顾一下。

（1）高财务杠杆（更多债权融资）可以提高股东的投资回报率，但是会加剧风险；

（2）低财务杠杆（更多股权融资）可以对冲风险，却不能放大收益；

（3）财务杠杆可以放大股东的投资回报率的前提是资产回报

率大于银行借款的利率。

在本章我们研究了经营杠杆，可以得出与财务杠杆类似的结论。

（1）高经营杠杆（更多固定成本）可以倍增公司的利润，但是会加剧风险；

（2）低经营杠杆（更多变动成本）抗风险能力强，却不能倍增利润。

如果高财务杠杆与高经营杠杆叠加会产生什么结果呢？销售收入增长的时候，利润倍增，股东的投资回报率放大。这是一个好的现象。但是在商业社会里，并不存在百分之百确定的盈利机会。真有这样的机会，根据套利理论，就会有大量的资本投入到这个行业，赚钱又重新变得艰难。我们不能赌这样的机会，我们同时要为风险做准备。

两种杠杆叠加，不仅会使收益倍增，也会造成风险的倍增，这是要特别警惕的。在此提醒各位企业家，两种杠杆应该高低搭配：如果公司的负债率高（高财务杠杆），就要选择成本结构更为灵活的轻资产模式（低经营杠杆）；如果公司采取重资产模式（高经营杠杆），那么就尽量多用股东的钱（低财务杠杆）。

风险不仅来自这两种杠杆，还来自其他方面，比如产品单一、客户过于集中、业务的波动过大等。这些风险都要相互平衡。我们想想身边有没有这样的公司：单一大客户占60%以上销售额（比如给苹果加工手机零部件），重资产模式（没有采取分工协作的方式），不断增加借款以扩大产能（不愿意进行股东融资）。是不是很熟悉呢？所有的风险都叠加在一起，千军万马只有一座独木桥，这是赌，不是生意！

• 本章小结 •

1. 外包的最大优势并不是成本的低廉，而是成本的灵活性。

2. 经营杠杆倍数 = 边际贡献 ÷ 营业利润。重资产公司的经营杠杆倍数大于轻资产公司的经营杠杆倍数。

3. 所谓的经营杠杆就是销售收入与利润之间的杠杆。经营杠杆放大了利润，经营杠杆倍数越高，放大的倍数越高。

4. 重资产公司的优势：

   （1）在销售收入增长的时候，利润增长的速度快于销售收入增长的速度，倍增的效果取决于经营杠杆倍数；

   （2）重资产模式更容易形成竞争壁垒。

5. 重资产公司的劣势：主要成本为固定成本，在销售收入下降的时候成本刚性有余、灵活性不足，抗风险能力差。

6. 关于经营杠杆的结论：

   （1）高经营杠杆（更多固定成本）可以倍增公司的利润，但是会加剧风险；

   （2）低经营杠杆（更多变动成本）抗风险能力强，却不能倍增利润。

7. 财务杠杆与经营杠杆叠加，不仅使收益倍增，也会造成风险的倍增。财务杠杆与经营杠杆应该高低搭配。

• 思 考 题 •

资本市场喜欢经营杠杆倍数高的公司还是经营杠杆倍数低的公司？经营杠杆倍数为 1 倍的公司具备什么样的成本结构？

第二十三章

投资中的盈亏平衡点

安全边际是成功投资的基石。

——巴菲特

一、盈亏平衡从何谈起

盈亏平衡点，也被称为保本点。我们来看一个案例。

小王租了一个煎饼车在校园门口卖煎饼。煎饼车的租金是 100 元 / 天，每个煎饼的售价是 2 元钱，成本是 1 元钱。请问小王每天至少要卖多少个煎饼才可以保本（不亏钱）？

　　每个煎饼可以赚 1 元钱，至少卖 100 个煎饼才可以把租金挣回来。100 个煎饼就是达到盈亏平衡点时的销售量。卖出的煎饼低于 100 个，小王就亏钱了；等于 100 个，正好盈亏平衡；超过 100 个，可以赚钱。

　　盈亏平衡点销售量的定义如下。

　　盈亏平衡点销售量是总收入等于总成本（利润为 0）时的销售量。盈亏平衡点销售量是在价格确定的假设下避免亏损的最低销售量。

　　如果换另一种情景，小王在校园门口卖鲜花，每束鲜花售价 20 元，进货价是 10 元。在这种情况下，还有盈亏平衡点的问题吗？卖鲜花不需要设备，没有固定投入。卖一束花，赚 10 元，多卖就多赚钱，少卖就少赚钱。而卖煎饼有固定成本，卖少了不是少赚的问题，是亏本的问题。

　　通过这两个例子的对比，我们会发现，盈亏平衡点的问题源自固定成本的存在，而大多数公司都存在固定成本，所以研究盈亏平衡点非常有意义。固定成本与前面章节讨论的沉没成本类似。固定成本不是指成本不变，而是指成本与销售量之间没有线性关系，不会随着销售量的增加而增加。比如房租，房租也是可以变化，但是变化的原因和销售量无关，而是周围的地段升值了。

　　盈亏平衡点的应用场景是什么？比如小王卖煎饼的案例，如果小王已经租了煎饼车，发现校园门口的人流量根本无法带来每天 100 个有效订单，这个时候车已经租了，就会产生损失。要是租车合同签了一个月的，损失就更大了。

如果小王在签订租车合同之前就进行盈亏平衡点分析，根据租金和每个煎饼的利润可以估计出盈亏平衡点（保本的最低销售量），再实地考察一下校园门口的客流量，就可以预估生意的盈利能力。所以，盈亏平衡点可以帮助我们进行投资之前的项目盈利评估。投资之后计算盈亏平衡点只是经营管理上的一种衡量与控制，不能帮助公司防范投资风险。

二、利润的敏感性分析

为了推导出盈亏平衡点销售量的公式，我们还要讲两个概念：变动成本和边际贡献。

表 23-1 是一家咖啡店的利润表。

表 23-1　咖啡店的利润表　　（单位：元）

项目		单位产品	销售 3 000 杯
收入	售价	24	72 000
减：变动成本	咖啡、牛奶	10	30 000
	损耗	1	3 000
	包装费	1	3 000
边际贡献	边际贡献	12	36 000
固定成本	水电费		2 000
	房租		10 000
	工资		15 000
	杂费		3 000
	咖啡机折旧费		1 500
营业利润			4 500

表 23-1 下半部分的水电费、房租、工资、杂费、咖啡机折旧费等，是咖啡店的固定成本，和卖多少杯咖啡没关系。而表 23-1

上半部分的咖啡、牛奶、损耗和包装费，是变动成本，每多卖一杯咖啡都会产生。变动成本是与销售量成正比的。

我们在前面章节中已经接触过边际贡献的概念。现在我们正式介绍边际贡献的公式：边际贡献＝销售额－变动成本。在这里我们只考虑变动成本，即原材料12元。原材料成本是随着多卖咖啡而增加的，而工资和咖啡机折旧费不是每多卖一杯咖啡而额外增加的，只是财务上的一种分摊。24元减去12元，边际贡献等于12元。这个12元衡量的是每多卖一杯咖啡可以给咖啡店额外带来多少毛利润，称为边际贡献。

边际贡献是一个管理会计的概念，对于利润的敏感性分析非常有用。比如，如果我们想分析卖2000杯咖啡和3000杯咖啡对利润有什么影响，就要用边际贡献的概念。表23-2是咖啡店的利润敏感性分析。

表23-2 咖啡店的利润敏感性分析 （单位：元）

项目		单位产品	售量2 000杯	销售3 000杯
收入	售价	24	48 000	72 000
减：变动成本	咖啡、牛奶	10	20 000	30 000
	损耗	1	2 000	3 000
	包装费	1	2 000	3 000
边际贡献	边际贡献	12	24 000	36 000
固定成本	水电费		2 000	2 000
	房租		10 000	10 000
	工资		15 000	15 000
	杂费		3 000	3 000
	咖啡机折旧费		1 500	1 500
营业利润			-7 500	4 500

边际贡献是一条"腰线",腰线以上（包含腰线）的数字都会随着销售量的变化而变化。所以，卖得越多，累积的边际贡献就越大。表23-2下半部分的固定成本，则不会随着销售量的变化而变化，是恒定的31 500元。这样我们就可以分析在不同销售量水平下的利润。敏感性分析必须建立在固定成本和变动成本分开的前提下，否则我们不知道什么成本跟着销售量变化，什么成本不跟着销售量变化。从表23-2可以看出，卖2000杯的时候，没有达到盈亏平衡点，亏了7500元；3000杯的时候，超过了盈亏平衡点，赚了4500元。

三、盈亏平衡点的计算

如何计算盈亏平衡时的销售量呢？我们先介绍一个简单的盈亏平衡点销售量公式。

盈亏平衡点销售量 = 固定成本 ÷ 单位边际贡献

在小王卖煎饼的案例中，固定成本是100元，每个煎饼可以赚到1元的边际贡献。所以盈亏平衡点销量 = 100 ÷ 1 = 100个。

我们可以用这个公式来计算一下表23-1中咖啡店的盈亏平衡点销售量。

固定成本为31 500元，每一杯咖啡的边际贡献为12元，盈亏平衡点销售量 = 31 500 ÷ 12 = 2625杯。卖2000杯时，没有达到盈亏平衡点，所以亏钱；卖3000杯时，超过了盈亏平衡点，所以赚钱。

如果店里卖的咖啡有很多种，这个公式就不合适了。如果我们知道平均每一杯咖啡的边际贡献率（边际贡献率 = 边际贡献 ÷ 销售额），就可以计算盈亏平衡点的销售额，而不是销售量。

盈亏平衡点销售额公式如下：

盈亏平衡点销售额 = 固定成本 ÷ 边际贡献率

按照表 23-1，边际贡献率 = 12 ÷ 24 = 50%。盈亏平衡点销售额 = 31 500 ÷ 50% = 63 000 元。原来计算的盈亏平衡点销售量等于 2625 杯，乘以 24 元，正好等于 63 000 元的销售额。这个公式比之前的公式适用范围更广。第一个公式只适用于单一产品的业务类型，而第二个公式则适用于大多数业务类型。

图 23-1 是盈亏平衡点示意图。

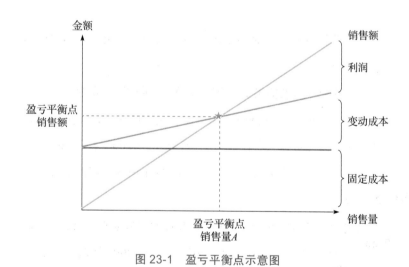

图 23-1 盈亏平衡点示意图

图 23-1 中灰色的线代表总成本，是变动成本和固定成本叠

加的结果。横轴代表销售量。随着销售量的增加，总成本越来越大，销售额也越来越大。在盈亏平衡点 A，销售额正好等于销售总成本。过了盈亏平衡点 A，销售额的线就超过了总成本的线，咖啡店开始盈利。

四、安全边际：投资风险与收益的衡量

刚才测算的咖啡店盈亏平衡点销售量是 2625 杯，如果经过实地考察，预估的销售量为 3500 杯，投资人是否应该投资这家店？

为了讨论这个问题，我们引入一个新的概念：安全边际和安全边际率。具体分析见图 23-2。

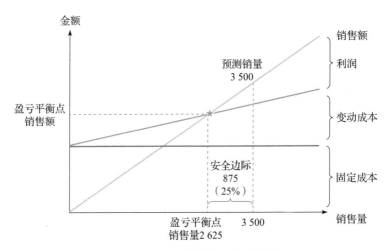

图 23-2　盈亏平衡点与安全边际

$$安全边际 = 实际销售量 - 盈亏平衡点销售量$$

$$安全边际率 = 安全边际 \div 实际销售量$$

在这个案例中，安全边际 = 3500 - 2625 = 875 杯；安全边际率 = 875 ÷ 3500 = 25%。

我们可以这样理解，在达到盈亏平衡点之前，赚到的边际贡献都拿去弥补固定成本了：2625 × 12 = 31 500 元，正好等于固定成本。超过盈亏平衡点之后的销售量（安全边际）会给咖啡店带来利润：875 × 12 = 10 500。安全边际越大，咖啡店的利润越好。

25% 的安全边际率告诉我们，咖啡店最多可以承受销售量下降 25% 的风险，在此范围内，咖啡店可以保持盈利。如果销售量的下降比率超过了 25%，则咖啡店出现亏损。可见，安全边际率越大，咖啡店的抗风险能力越强。

投资人是否应该投资这家店呢？预估销售量超过盈亏平衡点，并不是开店的必要条件。只有足够高的安全边际率才能让咖啡店盈利。25% 的安全边际率并不算高，我认为 35% 以上的安全边际率是比较合理的。

投资人现在有两家店面可以选择，A 店在一个小区的底商，B 店在一个核心地段的商场里。相关数据如表 23-3 所示。

表 23-3　两家店面的选择　（金额单位：元）

项目	A 店	B 店
固定成本	12 000	30 000
边际贡献率	30%	40%

（续）

项目	A 店	B 店
盈亏平衡点收入	40 000	75 000
预测收入	50 000	120 000
安全边际率	20%	37.5%

我们可以看出，A 店的租金低，B 店的租金高。A 店卖一些比较经济实惠的产品，因此边际贡献率只有 30%；B 店卖一些高端产品，因此边际贡献率可以达到 40%。两家店的预测收入分别是 5 万元和 12 万元。

A 店的优势是投入较少。但是，投入少不意味着风险低。A 店的安全边际率只有 20%，说明抗风险能力差，如果销售额下降超过 20% 会出现亏损；如前面分析，公司的盈利主要来自超过盈亏平衡点销售量之后的边际贡献累计额，超过盈亏平衡点的安全边际额只有 1 万元，乘以 30% 的边际贡献率，最多可以赚 3000 元。

相比较之下，B 店的安全边际率高达 37.5%，抗风险能力更强。安全边际额 4.5 万元（12 万元 – 7.5 万元），乘以 40% 的边际贡献率，可以赚 1.8 万元。

安全边际可以帮助投资人判断生意的风险与收益。当投资人从两个项目当中二选一时，应该选择安全边际率较大的项目。

五、盈亏平衡点与经营业绩改善

如果投资人已经选择了一个生意，比如刚才案例中核心地段商城里的 B 店，客流量基本上是确定的，我们仍然有机会提高安全边际，从而降低风险提高收益。方法就是：降低盈亏平衡点销售额。

盈亏平衡点销售额＝固定成本 ÷ 边际贡献率。分子（固定成本）变小，或者分母（边际贡献率）变大，都可以降低盈亏平衡点销售额。

图 23-3 和图 23-4 形象地演示了这两种方法对盈亏平衡点的影响。

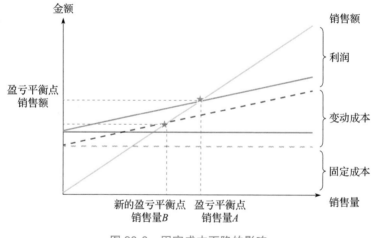

图 23-3   固定成本下降的影响

在图 23-3 中，浅灰色的虚线是降低后的固定成本，深灰色的虚线是随之降低的总成本，新的盈亏平衡点向左移到了 B 点。固定成本下降的具体举措包括：降低装修费用，减少人员开支。对于有些生意来说，店面的面积与销售额之间不一定成正比。过大的店面导致租金上涨，平白增加了公司的固定成本，导致了盈亏平衡点的上升和安全边际的下降，所以要选择面积合适的店面。

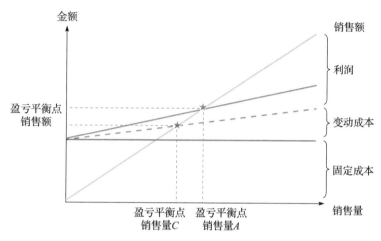

图 23-4　边际贡献率提升的影响

在图 23-4 中，固定成本不变，灰色的虚线是新的总成本线。斜率下降，说明边际贡献率上升，新的盈亏平衡点向左移到了 C 点。提升边际贡献率的举措包括：降低原材料采购成本，降低产品的损耗，改良并降低包装成本。

图 23-3 和图 23-4 的两种方法，都降低了盈亏平衡点，增大了安全边际，降低了公司风险，提高了盈利能力。

六、活学活用盈亏平衡点：销售杠杆

公司的投资行为大到投资新店，小到购买一台设备或者举办一场业务沙龙，都会涉及如何评价投资绩效的问题。如果现在市场部的员工向领导申请举办一场业务沙龙，费用预算为 100 万元，预计可增加销售额 500 万元。领导是否要批准呢？

我们可以借用盈亏平衡点的公式来进行分析。100 万元的费用预算，相当于增加了 100 万元的固定成本，而弥补这部分固定成本的盈亏平衡点收入应该是多少呢？我们还需要知道公司的平均边际贡献率。假设这家公司的平均边际贡献率是 10%，100 万元的固定成本除以边际贡献 10%，等于 1000 万元。至少应该增加 1000 万元的销售额才可以把业务沙龙额外的支出赚回来。这里用的就是盈亏平衡点的第二个公式。显然，市场部的提议并不可行。

如果公司的边际贡献率是 20%，100 ÷ 20% = 500 万元，市场部的提议或许可以被批准。我们看到，边际贡献率越小，说明产品的盈利能力越差，在计划固定支出的时候就需要非常谨慎，因为用于弥补固定成本的销售额相对于固定成本会非常大，这就是杠杆的意思。

刚才的公式可以改写为：100 万元 ×（1 ÷ 20%）。1 ÷ 20% 被称为销售杠杆，它是边际贡献率的倒数。作为公司的决策人，你需要牢牢记住公司的销售杠杆。当遇到下面这些决策时，就可以用固定支出乘以销售杠杆以获得判断的标准：

（1）市场部希望举办一个 ××× 元的市场活动；

（2）销售部门希望增加 2 名销售人员；

（3）区域负责人希望在某四线城市建立销售分部；

......

　　销售杠杆是一个工具，更是一个快捷路径，可以给管理者提供最准确的对标数据，方便其迅速做出判断。

· 本章小结 ·

1. 盈亏平衡点销售量是总收入等于总成本（利润为 0）时的销售量。盈亏平衡点销售量是在价格确定的假设下避免亏损的最低销售量。

2. 盈亏平衡点的问题源自固定成本的存在。盈亏平衡点可以帮助我们进行投资之前的项目盈利评估。投资之后计算盈亏平衡点只是经营管理上的一种衡量与控制，不能帮助公司防范投资风险。

3. 盈亏平衡点和安全边际的公式：

（1）边际贡献 = 销售额 – 变动成本

（2）盈亏平衡点销售量 = 固定成本 ÷ 单位边际贡献

（3）盈亏平衡点销售额 = 固定成本 ÷ 边际贡献率

（4）安全边际 = 实际销售量 – 盈亏平衡点销售量

（5）安全边际率 = 安全边际 ÷ 实际销售量

4. 安全边际越大，公司的利润越好。安全边际率越大，公司的抗风险能力越强。35% 以上的安全边际率是比较合理的。当投资人从两个项目当中二选一时，应该选择安全边际率较大的项目。

5. 降低盈亏平衡点销售额的举措：① 降低固定成本；② 提高边际贡献率。

6. 销售杠杆等于边际贡献率的倒数。用预计投入的固定支出乘以销售杠杆就是预期要获得的最小销售收入。

· 思 考 题 ·

降价对盈亏平衡点的影响是什么？薄利多销的好处与坏处？

第二十四章

对利润中心的评价（上）：避免鞭打快牛

不患寡而患不均。

——孔子

一、如何衡量利润中心的业绩

我们一直在讨论投资的主题。从本章开始，我们要讨论投资的评价问题。如何评价一项投资，用什么指标，参考值是多少？在本章和下一章，我们会从组织绩效的角度分析如何评价下属投资单元的财务业绩。最后一章，我们会探讨如何评价公司整体的财务业绩。

一家独立的法人公司拥有三张财务报表：利润表、资产负债表和现金流量表。如果一家公司里有三个独立核算的利润中心，那么这三个利润中心的业绩加在一起就等于这个公司的总业绩吗？这个说法听起来似乎是有道理的。

举个例子。某家电商在网上销售商品，整个公司是一个注册的法人主体，拥有独立的利润表、资产负债表和现金流量表。

表 24-1 是该电商的整体利润表。

表 24-1　某电商的利润表　　（单位：千元）

销售收入	130 000
销售成本	93 000
毛利润	37 000
销售费用	18 000
管理费用	9 100
营业利润	9 900

假设该电商下面设了三个利润中心，公司管理层希望知道这三个利润中心各自的业绩如何，谁给公司贡献了更多的利润。这种利润中心被称为"人为利润中心"，财务部给人为利润中心做的报表是管理会计报表。具有独立法人资格的利润中心被称为"自然利润中心"。

很多公司在进行利润中心的业绩核算时，只是把公司整体的一张报表分成了几张，把利润表上的所有项目都分到了不同的利润中心，包括直接成本和间接费用。表 24-2 是该电商三个利润中心的利润表。

表 24-2　利润中心的利润表　　（单位：千元）

项目	利润中心 A	利润中心 B	利润中心 C	公司
销售收入	26 000.00	40 000.00	64 000.00	130 000.00
销售成本	18 600.00	28 400.00	46 000.00	93 000.00
毛利润	7 400.00	11 600.00	18 000.00	37 000.00
销售费用	3 600.00	5 538.00	8 862.00	18 000.00
管理费用	1 820.00	2 800.00	4 480.00	9 100.00
营业利润	1 980.00	3 262.00	4 658.00	9 900.00

我们看到，A、B、C 三个利润中心的报表数据加在一起就是整个公司的报表数据。所有的销售费用和管理费用都分摊到了各个利润中心。这种考核方法叫作完全成本考核。

完全成本考核没有考虑哪些指标是利润中心负责人能影响的。我们之所以用绩效指标来考核经理人，不仅仅是为了在发奖金时有依据，更重要的是希望经理人能够对指标施加影响并且加以改进。

绩效考核制定的误区包括以下几点：

（1）绩效指标过于复杂，经理人无法清楚理解指标的逻辑；

（2）绩效结果的计算不透明，财务部的数据和经理人的数据有很大出入；

（3）绩效指标含有经理人不可控的因素，公平性无从体现，业绩达成过程中的变数多。

二、完全成本考核与不完全成本考核

财务会计报表与管理会计报表是两个不同的体系。很多公司是"大账算得清，小账算不清"，这个大账就是财务会计报表，小账就是内部利润中心的管理报表。财务会计报表的主要作用是对外披露，而管理会计报表则是向内看，是对内部组织的衡量，从而优化内部资源分配。因此，大账是科目导向的，而小账是归属导向的。

我们调整一下思路，能不能做出利润中心的可控利润表呢？以该电商为例，收入和成本可以按照业务类型分摊给三个利润中心，那么销售费用和管理费用怎么分摊呢？这里面有一部分是可以分摊给各利润中心，比如各个利润中心的采销人员工资、促销费用、办公费用、行政人员工资。但是也有一些是没有办法分摊给利润中心的费用，比如公司整体的广告宣传费用。财务、HR、行政等部门的费用也很难真正公平地分摊给各个利润中心。即使这些费用按照一定的规则（如人数、收入、面积）分摊给利润中心了，利润中心的负责人也无法真正对这些间接费用负责。

表 24-3 是公司整体利润表的明细科目。

我们可以看到，销售费用里面包括四个部分：媒体广告费、产品促销费、销售人员工资和销售佣金。媒体广告由公司市场部整体策划和采购，不属于可控费用。而剩下的三项蓝色区域内的销售费用都是利润中心自己可以控制的费用。同样，在管理费用中，利润中心办公费用和利润中心自己的行政人员工资是可控的。而总部的管理费用（如财务、人事、行政）和研发费用，是总部的费用，与利润中心无关。

表 24-3 利润表的明细科目 （单位：千元）

销售收入	130 000
销售成本	93 000
毛利润	37 000
销售费用	
媒体广告费	1 800
产品促销费	6 300
销售人员工资	7 200
销售佣金	2 700
销售费用合计	18 000
管理费用	
利润中心办公费用	1 365
利润中心行政人员工资	1 820
集团总部管理费用	3 640
总部研发费用	2 275
管理费用合计	9 100
营业利润	9 900

按照这个原则，我们做出利润中心 A 的管理会计报表（见表 24-4）。

表 24-4 利润中心 A 的管理会计报表

（单位：千元）

销售收入	26 000
销售成本	18 600
毛利润	7 400
利润中心可控销售费用	
产品促销费	1 200
销售人员工资	1 440
销售佣金	540
利润中心可控销售费用合计	3 180
利润中心管理费用	
利润中心办公费用	365
利润中心行政人员工资	400
利润中心管理费用合计	765
营业利润	4 063

在这张报表里出现的各项费用都是利润中心的可控费用。这种考核被称为"不完全成本考核"。这样考核会不会使得各个利润中心不承担总部的费用？不会。因为在进行利润中心预算时，已经把总部的费用考虑进去，也就是说利润中心的营业利润比完全成本考核下的利润要高。

三、直接的就让它直接

不完全成本考核实施的关键是，直接费用和间接费用区分清楚。利润中心直接可控的费用，在记账的时候就要记在利润中心名下。这样才可以做出以利润中心为归属的利润表。

直接费用与间接费用的区分，不仅对于利润中心管理报表很重要，对于项目盈利核算也很重要。我遇到过一家软件公司，由于没有把直接费用记清楚，公司遇到了很大的危机。这家软件公司本来是卖标准产品的，就是类似微软 Office 的那种软件，不需要为客户定制，只卖标准版本。在业务慢慢发展的过程中，发现很多客户需对软件进行定制，对后续的运营支持也有需求。这家公司慢慢就改变了经营策略，从销售标准产品转变为销售解决方案。而解决方案是个性化的，意味着每个客户的解决方案都是不同的，需要定制开发，导致每个项目的成本不同，报价也不同。

在成本中有一项比较大的投入，就是为项目进行定制开发的研发人员工资。当这些研发人员为每个项目做定制开发时，这些人工成本就应该计入项目的直接成本。这就是我说的，直接的就让它直接。只有这样记账，才可以清楚看到哪个项目赚钱，哪个项目亏钱。赚钱的产品线应该多投入，亏钱的产品线应该停止投入。

但是，这家公司是做软件出身的，所有的研发人员都属于研发部。他们的人工成本就沉淀在研发部门，没有归集到项目成本中。这样做的后果，除了无法准确衡量项目损益，还会导致资源的滥用。因为使用者（项目经理）不需要付费，他们就更倾向于调用更多的研发人员到项目上。研发部门的资源经常不够用，因此研发部就一再扩张，人员越来越庞杂。最终公司产生巨额亏损，但是亏损之后又无法得到准确的反馈来修正。

通过这个例子可以看出，财务数据是公司的仪表盘，这并不是一句空话。不仅要有准确的大账，还要有准确的小账。大账是给外部看，小账体现的是经营管理的逻辑。

四、如何避免鞭打快牛

假设有一家公司做出口贸易，在国内按照产品线设立了三个利润中心。为了配合出口工作，这家公司在国外成立了一家外贸公司 Q，主要在外贸流程上服务这三个利润中心。Q 公司在海外运营会产生费用，而这些费用应该由国内的三个利润中心来承担。

鞭打快牛

目前公司让三个利润中心按照销售额来分摊 Q 公司的费用。比如，Q 公司去年的总费用是 1000 万元。去年这三个利润中心的销售额分别是 2000 万元、3000 万元、5000 万元，总计 1 亿元。费用占销售额的比例是 10%。所以公司今年规定各利润中心按照销售额的 10% 来分摊 Q 公司的费用。这看起来挺合理。如果 Q 公司的成本都是变动成本（如交易佣金、通信费等），这样做确实是正确的。但是 Q 公司还有大量的固定成本（如房租、物业费、固定人员工资等）。如果某个利润中心的销售额越高，则分摊 Q 公司的费用就越高。

大多数人都觉得这是对的。不然按照什么来分摊呢？其实不一定。举个例子。有一个利润中心已经完成了今年的销售任务。目前考虑一个订单，执行下来肯定有边际贡献，但是如果把分摊的费用考虑进来就亏钱了。这样的订单是否应该做呢？贸易公司的很多成本是固定成本，也就是沉没成本。如果订单有边际贡献，站在公司总体的角度，订单会给公司带来额外的收益。但因为考核的问题，该利润中心有可能会拒绝这个订单。这对公司是不利的。这就是"鞭打快牛"。干得越多，责任越大，并不总是合理的。

如何兼顾成本分摊的公平性与激励的有效性呢？建议如下：

（1）做出今年 Q 公司的预算，把成本分为变动部分和固定成本。假设变动成本是销售额的 1%，而固定成本是 900 万元。

（2）Q 公司成本的变动部分按照 1% 的比率由利润中心按照销售额承担。

（3）Q 公司成本的固定部分 900 万元按照三个利润中心去年的销售额（20%、30%、50%）进行分摊，分别承担 180 万元、270 万元、450 万元。也就是说，不论三个利润中心今年的业绩完成情况如何，他们都必须承担这些费用。

（4）如果 Q 公司固定成本超出 900 万元的预算，Q 公司要自己承担，除非它可以证明这是由于营业规模的变化引起的。

这种分摊方法更符合真正的商业环境。如果开公司，公司的固定成本在开公司之初就确定了，和后来的销售量没有任何关系。现在只不过是三个利润中心共同分担整个公司的固定成本，每个利润中心都应该承担一部分费用，这个与后来的销售量也无关。

这种分摊方法的好处是：

（1）业绩完成好的利润中心会产生超额利润，而业绩不好的利润中心有可能亏损。这种分摊方法起到了真正的奖勤罚懒的作用。

（2）在企业内部模拟真实的商业环境。在真实的商业环境中，如果你开一家公司，也是存在固定成本的，业务达不到预期的时候就会发生亏损。

（3）利润中心在达到预期销售业绩后，可以灵活调整价格，实行价格歧视策略。只要存在边际贡献，就可以和客户达成交易，实现公司利润最大化。

孔子提出的"不患寡而患不均"并不是指绝对的平均，而是公平合理。

· 本章小结 ·

1. 公司下属的独立业务单元被称为"人为利润中心"，财务部给人为利润中心做的报表是管理会计报表。具有独立法人资格的利润中心被称为"自然利润中心"，它们具有法定的财务会计报表。

2. 公司利润表上的所有项目都按一定规则分摊到了各个利润中心。这种考核方法叫作完全成本考核。只把可控费用计入利润中心管理会计报表的考核被称为不完全成本考核。

3. 直接费用与间接费用的区分，不仅对于利润中心管理报表很重要，对于项目盈利核算也很重要。利润中心直接可控的费用，在记账的时候就要记在利润中心名下。

4. 分摊的原则：费用的变动部分由利润中心按照销售额承担，费用的固定部分按照预先设置的比例由利润中心进行分摊。不论利润中心的业绩如何，它们都必须承担这些费用。

• 思 考 题 •

你们公司是如何进行管理费用分摊的？是完全成本考核还是不完全成本考核？

第二十五章

对利润中心的评价（下）：是否计算资金成本

一家企业产生的利润应大于其资本成本，否则这家企业是亏损经营的。

——彼得·德鲁克

一、从两家包子铺谈起

假设一家餐饮公司下面有两家包子铺，我们姑且叫它 1 店和 2 店。我们先看 1 店的利润表（见表 25-1）。

利润表的细节就不赘述了。如果让 1 店的店长对净利润负责，大多数人应该觉得是很合理吧？姑且搁置这个问题。我们再

看看 2 店的利润表，假设 2 店的业务规模、盈利能力、税费水平
与 1 店无异。不过，2 店的利润表却与 1 店不同（见表 25-2）。

表 25-1　利润表（1 店）　　　　表 25-2　利润表（2 店）
　　　　（单位：万元）　　　　　　　　　（单位：万元）

销售收入	200
销售成本	150
毛利润	50
销售费用	20
管理费用	6
财务费用	4
营业利润	20
所得税	5
净利润	15

销售收入	200
销售成本	150
毛利润	50
销售费用	20
管理费用	6
财务费用	0
营业利润	24
所得税	6
净利润	18

　　我要特别提醒大家注意这张利润表里的财务费用。2 店的财
务费用为 0，1 店的财务费用为 4 万元。这个财务费用，字面上
指公司的资金成本，但是实际上只计算债权融资的利息成本，而
不考虑股东融资的机会成本。1 店和 2 店之所以产生不同的利润，
是因为 1 店的账上有对银行的负债，而 2 店的账上只有股东这一
种资金来源，没有负债。

　　我们在第十七章区分了两种利润，一种是会计利润，一种
是经济利润。1 店和 2 店的经营业绩是相同的，反映到报表上
却是不同的结果，这是会计利润的缺陷。下面的这段话引自第
十七章。

> 给股东分红用的是税后利润，而贷款利息在计算公司所得税时却可以进行税前抵扣。现在通用的利润表是站在计算税务机构认可的利润的角度来进行汇报的，我们管税务机构认可的这种利润叫"会计利润"。而站在股东的角度来看，股东分红甚至股东的机会成本都应该在计算利润表时予以扣除，这样才能知道公司的真正盈利水平。事实上，这种利润对股东更有意义，我们称这种利润为"经济利润"。

所以，会计利润并不能公平地反映两个店长的经营业绩，因为里面夹杂着融资活动的影响。

二、只反映经营活动的利润：息税前利润

绩效考核的原则之一就是公平性。两个店长都不曾对融资活动负责，就不必承担融资活动的后果。所以，我们要在会计利润中去掉融资活动的影响。

结合上面所说的原理，我们再来看一下息税前利润这个概念。息税前利润在外资企业应用非常广泛，通常用来考核独立核算的利润中心，或者用来比较不同的国家和地区的业务部门之间的业绩。息税前利润，英文就是：Earnings Before Interest and Taxes，翻译过来就是没有减掉利息和所得税的利润。

在我国的报表中，销售费用、管理费用和财务费用是排列在一起的费用，我们俗称"三费"。减掉三费之后才是营业利润。

而在国外的报表中，营业利润的计算只减去了销售费用和管理费用，基本上是息税前利润。应用息税前利润的意义是什么呢？

（1）因为利息不是经营层面决策可以影响的费用，它的多少取决于公司的融资决策。如果公司的主要融资来自股东，利息费用就会很少；如果主要融资来自银行，那么利息费用就很多。这种决策显然不属于经营决策，不应该计算在经理人的绩效之中。

（2）不同的地区，所得税的政策与法规都不一样。虽然所得税和经营有关，但是所得税率的高低是法律规定的，不受经理人经营决策的影响，也不应该计算在经理人的绩效之中。

表25-3和表25-4给出了1店和2店的息税前利润。

表25-3　息税前利润（1店）
（单位：万元）

销售收入	200
销售成本	150
毛利润	50
销售费用	20
管理费用	6
息税前利润	24
财务费用	4
营业利润	20
所得税	5
净利润	15

表25-4　息税前利润（2店）
（单位：万元）

销售收入	200
销售成本	150
毛利润	50
销售费用	20
管理费用	6
息税前利润	24
财务费用	0
营业利润	24
所得税	6
净利润	18

我们看到，这两家店的息税前利润是相同的。息税前利润这个指标体现的是绩效指标的可控性。把不可控因素剔除在经营业绩之外是这个指标的主要用意。所以，在国外对于一家公司经营

业绩得分析更多的是基于息税前利润，而不是净利润。

上一章讨论的利润中心可控利润，也是息税前利润的概念，可控费用并不包含贷款利息。

不过，息税前利润也并不完美。从绩效考核的角度来看，息税前利润是对会计利润的"纠偏"。不过有点矫枉过正。为什么呢？会计利润的缺点是没有对所有类型的融资成本一视同仁，只考虑利息，而不考虑股东的机会成本。而息税前利润则是简单粗暴，既然融资成本容易造成绩效的错误评价，那干脆就不考虑融资成本了：既然股东的机会成本没有考虑，那么银行的利息也不考虑了。

可是，对于很多行业中的企业来说，资金成本在成本中的占比较高，如果放弃对资金成本的考核，这样的绩效体系也会产生误导。经理层都不重视资金成本，这也是公司不想看到的结果。更何况，在很多情况下资金占用多少和经营决策又是息息相关的，比如我们前面讨论的营运资本。存货、应收账款和应付账款，这些营运资本都是业务决策的后果。

三、经济利润与 WACC

所以，我们要引入经济利润的概念。经济利润也叫作经济增加值（Economic Value Added，EVA）。

经济利润也是对会计利润的纠偏，但是它并不是不考虑融资成本，而是同时考虑了贷款利息和股东机会成本。

经济利润指的是从息税前利润里减掉包括股权和债权的全部

资本成本之后的利润。

表 25-5 和表 25-6 是假设的 1 店和 2 店的资产负债表。

表 25-5　资产负债表（1 店）　（单位：万元）

现金	40	应付账款	10
应收账款	10	银行借款	60
存货	60	股东投资	70
固定资产	30		
总资产	140	负债和所有者权益	140

表 25-6　资产负债表（2 店）　（单位：万元）

现金	40	应付账款	10
应收账款	10	银行借款	0
存货	60	股东投资	130
固定资产	30		
总资产	140	负债和所有者权益	140

1 店的融资包括银行借款 60 万元和股东投资 70 万元，2 店的融资来自股东投资 130 万元。虽然融资渠道和店长关系不大，但是店长应该为每家店占用的资金（产生的成本）负责。这两家店的融资额都是 130 万元。假设银行借款的利率是 6%，股东融资的机会成本是 12%。这两家店的经济利润怎么算呢？具体的计算方法如表 25-7 所示。

表 25-7　经济利润的计算（1 店与 2 店）

1 店经济利润 = 息税前利润 – 贷款利息 – 股东机会成本
= 24 – 60 × 6% – 70 × 12%
= 12 万元

（续）

2 店经济利润 = 息税前利润 – 股东机会成本 = 24 – 130 × 12% = 8.4 万元

问题又来了，店长不需要对融资渠道负责，可是这样算出来的经济利润，1 店明显好于 2 店，原因是 1 店用了资金成本低的债权融资，而 2 店全部用的是资金成本比较高的股权融资。这样的算法也会导致绩效考核不公平。如何解决这个问题呢？

我们只要在公司整体的层面上计算融资成本就可以规避这个问题了。假设这家餐饮公司只有 1 店和 2 店，我们可以从公司的角度计算融资成本，然后两家店用相同的成本率来计算资金成本。这里就用到我们之前章节里讨论的 WACC，即加权平均资本成本。

公司一共融资 260 万元，60 万元银行贷款（6%），200 万元股东投资（12%），WACC =（60 × 6% + 200 × 12%）÷ 260 = 10.6%。

我们再重新计算一下 1 店和 2 店的经济利润（见表 25-8）。

表 25-8   经济利润的重新计算（1 店与 2 店）

1 店经济利润 = 息税前利润 – 总资本 × WACC = 24 – 130 × 10.6% = 10.22 万元
2 店经济利润 = 息税前利润 – 总资本 × WACC = 24 – 130 × 10.6% = 10.22 万元

这一次，两家店的经济利润是一样的。当然，两家店的绩效不一定总是一样的。假设 1 店的店长经营不善，有大量的存货和应收账款，因此 1 店的资金占用就会高于 2 店，导致更多的融

资。比如 1 店的总融资额为 180 万元，而 2 店的总融资额仍然保持 130 万元不变。WACC 都是 10.6%，对每家店都是一样的。这时候，两家店的经济利润就不一样了（见表 25-9）。

表 25-9　经济利润的差异（1 店与 2 店）

1 店经济利润 = 息税前利润 – 总资本 × WACC
= 24 – 180 × 10.6%
= 4.92 万元
2 店经济利润 = 息税前利润 – 总资本 × WACC
= 24 – 130 × 10.6%
= 10.22 万元

1 店的经济利润比 2 店差很多，这个结果传递了正确的信号：1 店的店长没有管理好资产，应该改善营运资本的管理。

很多集团公司都在使用这种方法来向下属子公司或者事业部分摊资金成本。集团总部向股东和银行进行融资，先计算出总部的加权平均资本成本，向子公司投资时再收取"利息"。我们会发现其利率高于银行金融机构的贷款利率，这其实是加权平均资本成本。总部通过这种方式，让资金占用多的子公司承担了更多的资金成本，而这个成本并不限于银行的利息。这样做，也会抑制子公司的融资冲动，从总部获得的资金越多，在计算经济利润时被扣减的资金成本就越多。只有子公司找到了真正赚钱的项目（投资回报率高于资金成本），才愿意向总部借贷资金。

万科从 2010 年开始用经济利润来考核高管，代替传统的收入、利润考核。从绩效考核的角度来看，用经济利润代替收入、利润考核是一个进步。

万科设有经济利润资金池，就是将每年的经济利润的 10% 作为高管的奖金池。这个计提 10% 的比例是董事会批准的，高管并没有任何权利去改变，是合规的。后面成立资管计划来购买万科股票的钱也是来自此资金池。

四、做除法还是做减法

我们在本书的开头就讨论了巴菲特推崇的净资产回报率，那是做除法的过程，而经济利润则是做减法的过程。除法和减法有什么不同？

举个例子。某集团子公司总经理考虑一项投资计划，投资额为 1000 万元，每年可以获得 120 万元利润（未扣减资金成本）。这项投资需要的资金全部由集团负责筹集，集团的资金成本率为 8%。假设集团对投资回报率的要求是 15%，是否应该投资呢？具体分析如表 25-10 所示。

表 25-10　做除法与做减法

评价方法	具体算法	
投资回报率	做除法	120/1 000 = 12%
经济增加值	做减法	价值增加：120 − 80 = 40 万元

我们来分析一下。这个项目的投资回报率为 120 ÷ 1000 = 12%，低于公司总部对于投资回报率的要求。按理说，子公司应该拒绝这个项目。这就是做除法的思路。但这个百分比是不能存进银行的。如果融资成本为 8%，却可以获得 12% 的收益，公司

可以获得 40 万元的投资利润。这就是做减法的思路。减出来的剩余价值是实实在在可以存入银行的。

• **本章小结** •

1. 息税前利润的意义：

　（1）因为利息不是经营层面决策可以影响的费用，它的多少取决于公司的融资决策，不应该计算在经理人的绩效之中。

　（2）不同的地区，所得税的政策与法规都不一样。虽然所得税和经营有关，但是所得税率的高低是法律规定的，不受经理人经营决策的影响，也不应该计算在经理人的绩效之中。

2. 经济利润指的是从息税前利润里减掉包括股权和债权的全部资本成本之后的利润。经济利润是对会计利润的纠偏，它并不是不考虑融资成本，而是同时考虑了贷款利息和股东机会成本。

3. 资产回报率是除法的结果，容易产生对投资项目的判断产生误导。经济利润是减法的结果，能更准确地体现一项投资的收益。

• **思 考 题** •

你们公司用什么指标来考核利润中心？其核心是用除法还是用减法呢？

第二十六章

杜邦金字塔模型

> 财务报表分析的精髓就是杜邦分析。
>
> ——巴菲特

一、务完物，无息币

陶朱公（即范蠡）的早期身份是政治家，曾经辅佐越王勾践复国。越王勾践"卧薪尝胆"，多年后"三千越甲可吞吴"，就是范蠡一手导演的。勾践成就霸业之后，范蠡功成身退。

之后，范蠡的新身份是商人：范蠡退隐之后化名鸱夷子皮，下海经商，其间三次巨富，又三次散尽家财，每次散尽家财之后，都会再赚到更多的钱。后自称"陶朱公"。大家问陶朱公，成为首富的秘诀是什么？陶朱公提出了六字诀："务完物，无息币。"

先举个例子。利润率 2% 意味着每卖出 100 元货物，可以剩下 2 元的利润。这说的是净利润与销售额之间的关系。如果货物每个月都可以周转一次，则意味着这笔钱每年可以来来回回地用 12 次，那么这笔钱的回报率就是 2%×12 = 24%。如何在此基础上提升资金的回报率呢？让我们应用"务完物，无息币"来分析。

务完物，就是追求完美无缺的高质量商品。从财务角度来理解，高品质的商品代表着高利润率。如果东西设计新颖且质量好，沿用上面的例子，利润率可以做到 5%，若货物还是一年周转 12 次，一年下来的回报率就是 5% × 12 = 60% 了，远远高于之前的 24% 的回报率！这次回报率的提升是来自利润率的上升，是"务完物"的贡献。

无息币，不是指没有利息的钱，而是指不要让钱休息。从财务角度来理解，就是防止商品积压，加速资金周转。在上面的例子中，假设利润率不变，还是 2%，但是货物加快周转，1 年周转 24 次，则一年下来的回报率就是 2% × 24 = 48%，这比之前的 24% 多了一倍。这次回报率的提升是来自"转速"的提升，是"无息币"的贡献。

有鉴于此，范蠡被称为"商业理论家"是名副其实的。

二、杜邦金字塔模型（两层）

在陶朱公之后 2400 年左右，大洋彼岸有人提出了杜邦金字塔模型。看名字就知道，这是美国杜邦公司提出来的。图 26-1 是杜邦金字塔模型的简化版。

这个图大约呈现为三角形，故人们称之为金字塔。这个金字塔的塔尖是总资产净利润率，这个指标类似于资产回报率。我们在本书的前几章就指出，相对于利润率，回报率是更应该被关注的。杜邦金字塔模型就是一个把回报率向下分解的工具。回报率虽然重要，但是我们需要知道实现回报率的路径，这样才可以通过管理手段提升回报率。

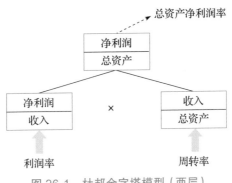

图 26-1　杜邦金字塔模型（两层）

　　我们从图 26-1 中可以看出来，总资产净利润率向下分解为"净利润 ÷ 收入"和"收入 ÷ 总资产"，它们各自的名字就是净利润率和总资产周转率。也就是说，从杜邦金字塔模型的分解中可以看出，提升回报率的两条路径分别为：提升净利润率与提升总资产周转率。是不是非常耳熟？这个理论和陶朱公提出的"务完物，无息币"竟然是惊人的相似！陶朱公比杜邦公司早 2400 多年提出这个理论，不过，杜邦公司把陶朱公的理论量化了，而且增加了一个维度，这在后面会详细分析。

　　从杜邦金字塔模型的角度来看，提升回报率并不仅仅是增加收入、降低成本，这些都是针对利润率的举措，提升总资产周转率（"无息币"）是提升回报率的另一柄利剑。

　　哪些因素会影响总资产周转率？

　　（1）存货周转率。存货多长时间才会被卖掉？公司需要多少存货？有淡旺季的公司通常需要在淡季时准备更多的存货。最近几年的双十一"剁手节"增加了厂商管理库存的难度。

（2）应收账款周转率。被卖掉的商品是否可以立刻收到客户付款？如果可以现款现货，周转就快；如果客户要求在3个月以后才付款，周转就会变慢。大公司的供应商通常没有什么话语权，应收账款的周转比较慢。

（3）固定资产周转率。前面提到，周转率可以被替换成"利用率"——固定资产周转率就是固定资产利用率。机器设备如果能够达到百分之百的开工率，那么周转率就高。如果新引进了大产能的机器设备，短期开工率不足，那么周转率就会下降，短期的回报率也不好。但是，随着产量的上升，慢慢接近百分之百的开工率时，周转率和回报率就会上升。

三、杜邦金字塔模型（三层）

杜邦金字塔模型并不局限于净利润率和总资产周转率。图26-2是三层的杜邦金字塔模型。

图26-2所呈现的依然是金字塔的模样，不过这个金字塔的塔尖换成了净资产回报率，而且多了一层。净资产回报率向下分解为总资产净利润率和权益乘数，权益乘数就是前面介绍的财务杠杆倍数。杜邦金字塔模型不仅把陶朱公的理论量化了，还增加了财务杠杆倍数的维度。

至此，净资产回报率可以向下分解为三个指标：净利润率、总资产周转率和财务杠杆倍数。这三个指标代表了三个方面的效率。

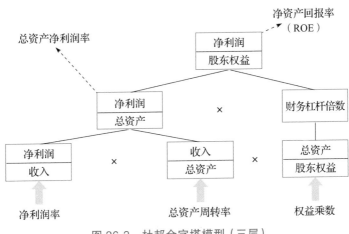

图 26-2　杜邦金字塔模型（三层）

（1）净利润率代表经营效率；

（2）总资产周转率代表投资效率；

（3）财务杠杆倍数代表融资效率。

一家公司在财务上成功，并不仅仅是因为在经营方面成功了，投资方面和融资方面的成功也是不可或缺的。虽然这三个方面都重要，但是每家公司都有自己擅长的一面。

表 26-1 展示了不同公司在财务上的独特优势。

表 26-1　沃尔玛、英伟达、福特汽车 2018 年度杜邦金字塔模型分解

财务指标	沃尔玛	英伟达	福特汽车
净利润率	1.40%	35.34%	2.30%
总资产周转率	2.43 次	0.96 次	0.62 次
权益乘数	2.75 倍	1.42 倍	7.11 倍
净资产回报率	8.87%	49.26%	10.28%

资料来源：东方财富 Choice 金融终端。

沃尔玛的独门秘籍是周转率。在零售这个行业，大家卖的是别人的东西，一般不可能卖得比别人贵，所以能和同行业拉开距离的就是周转率，尤其是存货周转率。所以说，"无息币"对沃尔玛来说很重要。我们前面讲过的 7-11 便利店，靠研发独特的商品，并且找到独家合作的代工厂，是可以实现高净利润率的。可以说，7-11 兼顾了"务完物"和"无息币"。

英伟达是一家人工智能计算公司，它的独门秘籍是研发能力。只有研发出技术上更为先进的产品，它才能生存和发展，所以"务完物"对英伟达这样的公司很重要。对于这类公司，我们应当更加关注研发投入，如果为了短期利益，公司减少研发投入，即便其财务指标变好，也不值得投资。

和沃尔玛、英伟达比起来，福特汽车不依靠"务完物"和"无息币"，更多的是靠财务杠杆赚钱：它的权益乘数高达 7.11 倍。虽然从杜邦金字塔模型的角度来看没问题，但是加大财务杠杆倍数会增加公司的财务风险，这是"靠风险赚钱"。巴菲特曾经说过，对于净资产回报率相同的公司，他会选择财务杠杆倍数低的公司进行投资，也就是说他更喜欢靠净利润率和总资产周转率挣钱的公司。

四、巴菲特对杜邦金字塔模型的运用

巴菲特认为以下五点涵盖了提高净资产回报率的所有方式。

（1）提高总资产周转率，也就是提高销售额与总资产的比值；

（2）使用廉价的债务杠杆；

（3）使用更高的债务杠杆；

（4）适用更低的所得税率；

（5）提高运营利润率。

第一点指的是周转率；第五点指的是利润率；第四点中的更低的所得税率，最终指向的是利润率；第二点和第三点，显然指的是财务杠杆倍数。前面讲财务杠杆倍数可以放大收益的前提条件是总体的投资回报率高于借款的利率，第二点中的廉价的债务杠杆指的就是这一点。

• 本章小结 •

1. 务完物，就是追求完美无缺的高质量商品。从财务角度来理解，高品质的商品代表着高利润率。无息币，不是指没有利息的钱，而是指不要让钱休息。从财务角度来理解，就是防止商品积压，加速资金周转。可以说，这是 2400 多年前的杜邦金字塔模型。

2. 净资产回报率可向下分解为三个指标：净利润率、总资产周转率和财务杠杆倍数。

（1）净利润率代表经营效率；

（2）总资产周转率代表投资效率；

（3）财务杠杆倍数代表融资效率。

3. 一家公司在财务上成功，并不仅仅是因为在经营方面成功了，投资方面和融资方面的成功也是不可或缺的。虽然这三个方面都重要，但是每家公司都有自己擅长的一面。

● 思 考 题 ●

对公司高管的考核，应该用总资产回报率还是净资产回报率？

资本的游戏

书号	书名	定价	作者
978-7-111-31494-3	门口的野蛮人：史上最强悍的资本收购	52.00	(美) 布赖恩·伯勒 约翰·希利亚尔
978-7-111-40498-9	门口的野蛮人2：KKR与资本暴利崛起	50.00	乔治.安德斯
978-7-111-45115-0	IPO财务透视：方法、重点和案例	39.00	叶金福
978-7-111-38446-5	资本的游戏(第2版)	99.00	房西苑
978-7-111-45645-2	投行笔记	49.00	徐子桐
978-7-111-50412-2	中小企业融资案例与实务指引（第2版）	59.00	吴瑕 千玉锦

商业设计创造组织未来

书号	书名	定价
978-7-111-57906-9	平台革命：改变世界的商业模式	65.00
978-7-111-58979-2	平台时代	49.00
978-7-111-59146-7	回归实体：从传统粗放经营向现代精益经营转型	49.00
978-7-111-54989-5	商业模式新生代（经典重译版）	89.00
978-7-111-51799-3	价值主张设计：如何构建商业模式最重要的环节	85.00
978-7-111-38675-9	商业模式新生代（个人篇）：一张画布重塑你的职业生涯	89.00
978-7-111-38128-0	商业模式的经济解释：深度解构商业模式密码	36.00
978-7-111-53240-8	知识管理如何改变商业模式	40.00
978-7-111-46569-0	透析盈利模式：魏朱商业模式理论延伸	39.00
978-7-111-47929-1	叠加体验：用互联网思维设计商业模式	39.00
978-7-111-55613-8	如何测试商业模式:创业者与管理者在启动精益创业前应该做什么	45.00
978-7-111-58058-4	商业预测：构建企业的未来竞争力	55.00
978-7-111-48032-7	企业转型六项修炼	80.00
978-7-111-47461-6	创新十型	80.00
978-7-111-25445-4	发现商业模式	38.00
978-7-111-30892-8	重构商业模式	36.00